「カルマ論」集成3

カルマの形成

ルドルフ・シュタイナー
西川　隆範訳

目次

第二部　個人の運命のカルマ的決定

カルマの形成

第一部　カルマ的諸力の形成

第一講　カルマの法則

　これから、通常カルマと呼ばれている人間の運命の条件と法則について、みなさまにお話ししようと思います。しかしカルマは、さまざまな種類の世界法則をまず認識したあとで、はじめて理解でき、見通すことができるものです。ですから、きょうは、さまざまな種類の世界法則について、いくらか抽象的なかたちでお話しすることが必要です。そこから、世界法則の特別の形態である人間の運命、カルマを導き出していきましょう。

　世界の諸現象を把握しようとし、人間生活のなかの諸現象に注目しようとするとき、わたしたちは原因と作用について語ります。今日では、とくに科学の分野で、まったく一般的に原因と作用について語られています。しかし、まさにそうすることで、真の現実に対して大きな困難にいたります。その際、原因と作用が世界に現われるさまざまな種類が考慮されていないからです。

まず、鉱物界として明瞭に現われている、いわゆる生命のない自然を眺めてみましょう。見事な形態をした岩石、また砕かれて形態のない塊になった石にも目を向けてみましょう。このような方法で無生命のものとして世界に現われるものが見られます。

くまなく無生物を考察すると、無生物界に関して語られうる原因を、この無生物自身のなかに探求することができます。無生物が作用として存在しているところでは、無生物界のなかに、その原因も探し出すことができます。無生物の原因と経過を、無生物界のなかに認識的に探求することができるのです。

美しい形態の水晶を手にしたときは、この水晶の形態を無生物界自身のなかに探すべきです。そうすることによって、この無生物界はみずからのなかに閉じられたものであることがわかります。どこに、この無生物の限界があるのか、最初のうちはわかりません。場合によっては、限界ははるか彼方の宇宙の広がりのなかにあることもあります。しかし、わたしたちのまえにある無生物の作用が問題になっているとき、その原因は無生物界自身のなかに見出されます。このことから、そして、無生物を無生物以外のものと比較することから、ある展望がわたしたちに開けてきます。

人間を考察してみましょう。人間がどのように死の扉を通過していくかを考察してみましょう。死の扉を通るまえに人間のなかで生じ、活動していたもののすべては、人間が死の扉を通過したときに残る可視的な形態から去ります。わたしたちはその形態に対して、「これは生命なきものだ」と、いいます。山地の岩石が無生物であるのと同様に、心魂と精神の去った人間の死体は無生物です。そして、人間の死体に、無機的な自然に生じているのとおなじことが生じます。

心魂が死の扉を通過していくまえに、生きているあいだに作用として人間形態に生じるものの原因を、無生物のなかに探し出すことはできません。腕を上げるとき、その原因を人間形態の生命のない物理法則のなかに探しても無駄だというだけではありません。心臓の鼓動の原因、血液循環の原因、その他の意志によらない経過の原因を人間形態のなかに存在する物理法則のなかに探しても無駄です。

心魂が死の扉を通過し、人間形態が死体になった瞬間、ある作用を人体に観察することができます。皮膚の色が変化し、四肢が萎びます。つまり、通常死体に見られるものが生じるのです。その原因をどこに探求すればいいのでしょう。それは死体のなか、死体の化学的―物理的な、生命のない力のなかに探求できるのです。

わたしがほのめかしたことを、あらゆる面について、あらゆる方向に最後まで考えてみると、「人間は、心魂が死の扉を通過したあと、死体に関しては生命のない自然とおなじものになる」と、思われます。つまり、いまや作用の原因を、作用が存在しているのとおなじ領域に探さねばならないということです。これは、たいへん重要なことです。

このような人間の死体の特性を眺めると、さらにべつの、非常に重要なことが見出されます。人間は死ぬと、死体を脱ぎ捨てます。いまや精神的―心魂的人間となった本来の人間が死の扉を通過したあとの経過を観察すると、脱ぎ捨てられた死体は本来の精神的―心魂的人間にとって、もはやなんの意味もないものだといわねばなりません。

生命のない外的な自然は異なっています。表面的に考察するだけでも、べつのものが目につきます。人間の死体を考察してみましょう。死体が風葬されるところで、それがもっともよく考察できます。墓所として使われる地下室に、死体を吊しておくのです。死体は乾燥し、すっかりもろくなります。軽く触れるだけで、粉々になります。

この生命のないものは、わたしたちの周囲にある生命のない自然とは異なったものです。

この生命のないものは、結晶形態を形成します。本来の固体(土)を度外視して、やはり生命のない水、空気を見てみると、この生命のないもののなかに活発な変化があることがわかります。

心魂に脱ぎ捨てられた人体が、生命がないという点において、人間以外の生命のない自然と同様であることを、一度心に浮かべてみましょう。

先に進みましょう。植物界を考察してみましょう。生命あるものの領域に、わたしたちはいたります。植物を正しく研究すると、植物のなかに現われる作用の原因が植物界に作用が現われているのとおなじ領域に存在するのが見出されることは、けっしてありません。「植物のなかに作用する物質的な力と法則を探求することができる。化学的に作用する力と法則を探求することができる。だが、まだなにかがあるのだ」と語る科学は邪道です。

ここで、人々は二つの党派に分かれます。一方の党派は、「残るのはたんに組み合わされたもの、つまり一種の形態である。活動しているのは、物質的—化学的法則のみである」と、語ります。

他方の党派は、「いや、そうじゃない。科学がいまだ探求できないなにかが、まだあるのだ。科学は、やがてそのなにかを解明するにいたるだろう」と、語ります。まだ当分のあいだ、そのように主張しつづけることでしょう。

植物を研究しようとするなら、宇宙全体を考慮することなしに研究することはできません。「植物の活動力は、はるかな宇宙に存在する」と、植物を見なければなりません。植物のなかで生じることは、すべてはるかな宇宙の作用なのです。植物界のなかになんらかの作用が現われるためには、太陽が宇宙のなかで一定の位置に来なければなりません。植物が形態、内的な衝動力などを獲得するためには、はるかな宇宙からほかの力が働きかけねばなりません。

ジュール・ヴェルヌの小説のようにではなく、ほんとうに月まで、太陽まで行くことができたとしても、もしわたしたちがいま有している認識力とはべつの認識力を身につけることがないなら、原因探求に関して、地上でなしうることよりもずっと賢明なことができるということはありません。「植物の生命のなかに現われる作用の原因が地上の植物界自身のなかにないのなら、太陽に行って原因を見出そう」というわけにはいかないのです。太陽でも、原因を見出すことはできません。まったくべつの認識であるイマジネーション認識へと飛翔すると、原因を見出すことができます。そのためには太陽に行く必要はありません。地上で、原因を見出すことができます。通常の物質界からエーテル界に移行する必要があります。宇宙エーテルの力が世界の彼方のいたるところに活動し、彼方から働きかけているのが見出されます。彼方のいたるところから、エーテルが働きかけてきます。植物界の作用の原因を探求しようとするなら、ほんとうに第二の世界領域に移行しなければなりません。

人間は、植物が関与するものとおなじものに関与します。エーテル界から植物のなかに働きかける力が、人間のなかでも作用します。人間は自分の内にエーテル的な力を担い、そのエーテル的な力の総体を、わたしたちはエーテル体と呼んでいます。このエーテル体は死後数日のうちに、どんどん大きくなり、ついには失われます。そうして人間は、アストラル体と自我のなかにとどまります。人間がエーテル的に自分の内に有していたものが大きくなり、宇宙の彼方に失われるのです。

死の扉を通過した人間に見られるものと、植物界に見られるものを比較してみてください。わたしたちは植物界について、「植物界の原因の力は、空間の彼方から地球にやってくる」と、いわねばなりません。人間のエーテル体については、「エーテル体の力は宇宙の彼方に出ていく」と、いわねばなりません。つまり人間が死の扉を通過すると、人間のエーテル体は植物の生長力がやってくるところへと行くのです。ここでは事態は明らかです。たんに物質的な死体を見て、「身体は生命を失った」というなら、その他の生命のない自然へといたることは困難になります。しかし、生命あるもの、植物界を見て、「宇宙の彼方のエーテルから、原因すなわち植物界の力はやってくる」ということに気づくなら、イマジネーション的に人間存在のなかに沈潜することによって、人間が死の扉を通過すると、植物界のための力がやってくるところへと人間のエーテル体が行くことがわかります。

しかし、さらにもうひとつ特徴的なことがあります。「植物に原因の力として作用するものは、すみやかに作用する。地から生長し、花が咲き、果実が実る植物に、一昨日の太陽は大きな影響を与えない。太陽は、今日輝かねばならない」と、いうことができます。これは重要なことです。つぎのような考察から、それが重要なことがわかります。

エーテル成因を有した植物は、地上に本来の基本力を有してはいますが、その力を地球と宇宙において同時に有しています。人間が精神的―心魂的存在として死の扉をくぐり、人間のエーテル体が解消されていく過程は非常に短い時間、数日しかつづきません。宇宙の事象の時間から見れば、数日というのは小さなものですから、同時性がここにも見られるわけです。

植物の生長力がエーテル力としてやってくるところへとエーテル体が帰ると、「人間がエーテルのなかに生きると、人間のエーテル活動は地上には限定されず、地上から去る。しかし、同時性をもって発展していく」と、いうことができます。

図式的に示してみましょう。「鉱物界では、原因と作用が同時」ということができます。物質における原因は作用と同時のものなのです。「物質のなかで生じることの多くにとって、原因は時間的に先に生じているのではないか」と、おっしゃることでしょう。

ほんとうは、そうではありません。作用が生じるためには、原因がつづいていなければなりません。原因がなくなれば、作用が生じません。「鉱物界には、物質における原因の同時性が見られる」と、いうことができるのです。

植物界にいたり、また人間のなかの植物的なものにいたると、そこには物質的なものと超物質的なものとの同時性があります。

動物界を見てみましょう。動物界においては、動物が生きているかぎりにおいて、作用として現われるものを動物のなかに探し出すことはできません。動物が食べものを探して徘徊するときも、動物の身体のなかの化学的―物質的経過のなかに、その原因を見出すことはできません。また植物の原因を見出すことのできるエーテル空間の彼方にも、動物の動きと感受の原因を見出すことはできません。動物のなかで植物的な部分に関して生じることに関しては、その原因をエーテル空間のなかに見出すことができます。動物が死ぬと、エーテル体はやはり宇宙エーテルの彼方に出ていきます。

ここでも、現代の見方は非常な邪道に陥っています。現代では、動物に見られる多くの現象、感受現象、運動現象について、「動物の内面に物質的―化学的な力を調べても、そこに原因は見出せない」と、語られています。花を説明しようとするなら、はるかな宇宙、宇宙のエーテルの彼方に行かねばなりません。そうすると、わたしは花をエーテル宇宙から説明することができます。動物のなかの植物的なものについては、エーテル宇宙から説明することができます。しかし、動物のなかで動きとして現われるもの、動物のなかに感受として現われるものを、エーテル宇宙から説明することはできません。

六月二十日にある動物の感受を考察すると、地上および地上外の空間のなかにあるものすべてのなかで、感受の原因を六月二十日に見出すことはできません。さかのぼっても、原因を見出すことはできません。五月にも、四月にも原因を見出すことはできません。

そのことは、現代の科学も気づいています。ですから現代では、そのように説明できないものの多くについて、「それは遺伝されたのだ。それは祖先に由来するのだ」と、いわれます。もちろん、すべてのものが遺伝されるというのではありません。しかし、多くのものは遺伝されたのだというのです。

遺伝とは、どういうことでしょうか。遺伝の概念は最終的に、多様に形成された動物として現われるものが子持ちの動物の卵核のなかに含まれていたということにさかのぼります。牛のさまざまな形態を外的に考察して、現代ではつぎのように見なされています。「牛は卵核から出現する。牛を生長させる力は卵核のなかにある。だから、卵核は非常に込み入ったものなのだ。多様な形態の牛が小さな卵核から作られていくのだから、卵核は恐ろしく複雑なものにちがいない」。

進化論、後成説など、多くの理論がありますが、人々が思い浮かべるにちがいないのは、つねに、「卵核という小さな卵は、恐ろしく複雑なものだ」ということです。原子から構築された分子にすべてが還元されるように、卵核の最初の原基が複雑な分子として表示されます。しかし、それは物質的な観察と一致するものではありません。

「卵核はほんとうに、そんなに複雑な分子なのか」という問いが生じます。卵核は、複雑なものではありません。卵核はすべての物質を混沌へと投げ返します。子持ちの動物の卵核は複雑な構成のものではなく、まったく粉々の、ばらばらに投げ出された物質です。まったく組織されていない物質です。完全に未組織の、塵のようなものです。未組織の、生命のない物質が結晶、形態へと努力せず、卵のなかで混沌へと逆戻りしなければ、生殖はおこなわれません。蛋白質は複雑な物質ではなく、非常に単純なものです。そして、そのなかでは、なにも決定されていません。卵核という小さな混沌からは、永遠に牛はできません。卵核は一個の混沌だからです。

どうして、それでも牛が卵核からできるのでしょうか。母体のなかで、全宇宙が卵核に働きかけるからです。卵核が未定で混沌としているからこそ、全宇宙が卵核に働きかけることができるのです。受精の目的は、物質を混沌、未定へと戻すことにほかなりません。宇宙が働きかけるのです。

母親のなかを見ても、そこには原因はありません。エーテルのなかを覗いても、同時の出来事の原因はありません。感受し動くことのできる存在の原基として芽吹くものの原因を見出そうとするなら、その生物が発生するまえに戻らねばなりません。生命が始まるまえに戻らねばならないのです。感受と動きの可能性は同時にあるのではなく、その存在の発生前に原因の世界があるのです。

植物を見るときは、同時にあるもののなかに出ていって、原因をはるかな宇宙のなかに見出さねばなりません。しかし、動物のなかに感受あるいは運動能力として作用しているもの原因を見出そうとするなら、同時にあるもののなかではなく、生命に先行するもののなかに行かねばなりません。べつの言葉でいえば、星位が変わらなければならないのです。その動物と同時点の星位が影響を与えるのではなく、生命に先立つ星位が影響を与えるのです。

死の扉を通過した人間を見てみましょう。人間が死の扉を通過して、エーテル体を脱ぎ捨てると、エーテル体は植物の生長の力、エーテル的な力が発するところへと赴きます。その後、人間は自分の誕生の時点まで遡行しなければなりません。人間はアストラル体のなかで、生前におこなったことを、逆の方向で通過します。言葉を変えていえば、「人間は死後、アストラル体とともに、同時性のなかに行くのではない。人間は生まれるまえへとさかのぼらねばならない」ということです。動物に感受能力と運動能力を与える力が発するところへと行かねばなりません。それらの能力は、同時に存在する空間領域、星位から発するのではなく、かつての星位から来るのです。

動物界について語るときは、物質および超物質のなかの、原因の同時性について語ることはできません。物質における現在の作用の原因は、過去の超物質のなかにあるのです。「動物界においては、過去の超物質的原因が現在の作用を引き起こしている」のです。

わたしたちは、ふたたび時間概念にいたりました。陳腐な言い方をすれば、わたしたちは時間のなかを散策しなければならないのです。物質界に生じるなにかの原因を探そうとするなら、わたしたちは物質界を散策すればよいのです。物質界から出ていく必要はありません。生命ある植物界のなかで引き起こされるものの原因を探そうとするなら、はるか彼方に赴かねばなりません。エーテル界を見出し、エーテル界が果てるところ、童話的に語れば「板で釘づけにされた世界」にいたってはじめて、植物の生長の原因を見出すことができます。

しかし、そこを巡っても、感受能力、運動能力の原因を見出すことはできません。わたしたちは時間のなかを散策しなければなりません。時間のなかを遡行するのです。わたしたちは空間から出て、時間のなかを散策しなければなりません。

原因ということからいえば、人間の物質体を、その生命のなさにおいて、生命のない自然と並列することができます。人間のエーテル体を、その生命、および死後エーテルの彼方に出ていく点で、植物のエーテル生命と並べることができます。地上の植物のエーテル生命は、それと同時の星位の超地上的なエーテルの彼方からやってきます。そして人間のアストラル体を、外の動物界にあるものと比較することができます。

鉱物界から植物界、動物界、そして人間界にいたります。「それは、いつも考慮してきたことだ」と、おっしゃることでしょう。しかし、すべてを考慮してきたわけではありません。わたしたちは人間を、物質体を有するもの、エーテル体を有するもの、そしてアストラル体を有するものとして考察してきました。しかし、もし人間が物質体しか有していなかったならば、複雑なものではあっても、たんに一個の結晶体でしょう。物質体に加えてエーテル体を有しているだけなら、人間は美しくはあっても、一個の植物でしょう。また、それらに加えてアストラル体を有していても、角を持って四つん這いになって歩む、一匹の動物だったことでしょう。それらは、人間ではありません。直立歩行する存在として人間が有する形態は、人間が物質体、エーテル体、アストラル体のほかに自我組織を有することによって得られるものです。自我組織を有した存在を、わたしたちは人間として語ることができるのです。

すでに見たことを、もう一度考察してみましょう。物質の原因を探すのなら、物質のなかにとどまっていることができます。植物的なものの原因を探すべきなら、エーテル界の彼方に出ていかねばなりません。しかし、わたしたちはまだ空間のなかにとどまっています。ただ、空間はいくらか仮定的なものになります。童話の概念でいえば、「板で釘づけにされた世界」へと逃れなければなりません。しかし現在、自然科学風に思考する人間が、実際に「板で釘づけにされた世界」のようなものについて語るところまで来ているのです。もちろん、これは陳腐な言い方です。しかし、いかに子どもらしい方法で人間が、「いつも輝きを送る太陽がある。その輝きはだんだん弱くなるけれど、光はいつも、どこまでも限りなく進む」と考えているか、それを考えてみるだけで十分です。

わたしは昔から、光は無限に出ていくという考えは無意味である、と申し上げてきました。光の放散の基盤には弾性がある、と申し上げてきました。ゴム製のボールを押すと、あるところまでは押せますが、そこからは押し返されます。弾性にとって圧縮には終点があり、そこからは押し戻されるのです。光についてもおなじことがいえます。光は無限に出ていくのではなく、ある境界に達すると、ふたたび戻ってきます。

光は無限に進むのではなく、ある境界までしか進まず、その境界からふたたび戻ってくるという説は、たとえばイギリスの物理学者オリヴァー・ロッジが唱えています。精神科学が唱えていることを、物理的な科学が唱えるところにまで、今日ではいたっているのです。将来、精神科学が述べていることの詳細にわたるまで、科学が認めるようになるでしょう。

十分に考えることができるなら、外界はたんに無限の空間なのではない、と語らねばなりません。無限の空間というのは、一個の空想です。しかも、把握できない空想です。『わが生涯』第三章のなかに書いたことですが、総合的な新しい幾何学の授業を受けたときに、まず直線というものを無限に伸びていくものではなく、べつの側から戻ってくるものだと教えられたときに、わたしは特別大きな印象を受けました。幾何学では、つぎのようにいいます。「右側に無限に遠い点は、左側に無限に遠い点とおなじものである」。このことは算定することができます。円があって、その円のある点から出発すると元の所に戻ってくるというのとおなじです。あるいは、無限の半弧というのは一個の直線である、というのとおなじです。しかし、わたしに大きな印象を与えたのは、そのようなありきたりの類推ではなく、左側に無限に遠い点は右側に無限に遠い点とおなじであるということが、ほんとうに計算によって証明できることでした。正確に思考する人間は、そのような類推を無視します。だれかがある方向にむかって走りはじめたなら、ある時間ののちに反対側からやってくることになります。このようなことは、物質的思考にはグロテスクなものに見えます。物質的思考を脱却すると、これは現実になります。世界は無限ではなく、物質界として目の前にあるように、限られたものだからです。ですから、「植物および人間におけるエーテル的なものについて語るなら、エーテルの境界に行かねばならない」と、いうことができます。

しかし、動物および人間のなかのアストラル的なものを説明しようと思うなら、空間のなかにあるものすべてから出ていかねばなりません。時間のなかを散策しなければなりません。同時性から去って、時間のなかに進まねばなりません。

そして、人間にいたります。時間のなかに入ると、すでに二重の方法で、物質的なものを越えます。動物を把握するには、すでに時間のなかを進まねばなりません。この思考方法を抽象的にではなく、具体的に継承しなければなりません。

人間は、「太陽が光を送ると、光は無限に進む」と、考えるのではないでしょうか。人々はもはやそのような思考方法を捨て、光は終点にいたり、ふたたび帰ってくるということを知っている、とオリヴァー・ロッジは述べています。太陽はあらゆる方向から、自分の光をふたたび受け取るのです。変化したべつの形ではあっても、自分の光をふたたび受け取るのです。わたしたちは最初、空間のなかにいます。地球空間はそこにとどまり、わたしたちは宇宙空間に出ていきます。それだけでは十分ではなく、わたしたちは時間のなかに進んでいきます。ここで、だれかが、「わたしたちはどこまでも進んでいく」と、いうことができるかもしれません。

そうではありません。いまや、わたしたちはふたたび戻るのです。わたしたちは、先の思考方法を継承しなければなりません。わたしたちは、ふたたび戻ってきます。空間のなかをどこまでも進んでいくと境界にいってふたたび戻るように、時間のなかを進むわたしたちは戻ってくるのです。時間の彼方に過去の超物質的な原因を探求したら、ふたたび物質のなかに戻ってこなければならないのです。

しかし、これはどういうことでしょう。わたしたちは時間から、ふたたび地上に下らねばならないということです。人間に関して原因を探求しようとすれば、その原因をふたたび地上に探求しなければなりません。さて、わたしたちは時間のなかをさかのぼっていきます。時間をさかのぼっていくうちにふたたび地上に下ってくると、もちろん、わたしたちは前世にいたります。わたしたちは、人間の前世に入っていきます。動物の場合、わたしたちはさらに進むので、わたしたちのエーテル体がある境界で解消されるように、時間のなかで動物は解消されます。人間は解消されず、ふたたび地上に下り、前世にさかのぼります。

ですから人間については、「過去の物質的な原因が、物質界の現在の作用になる」と、いうことができます。

鉱物界――物質界における原因の同時性。
植物界――物質界と超物質界における原因の同時性。
動物界――過去の超物質界の原因が現在の作用になる。
人間界――過去の物質界の原因が現在の物質界の作用になる。

きょうは準備として、抽象的な作業に努めました。それは必要なことでした。霊的な領域にも論理があるということを示したかったので、このような抽象的な作業が必要だったのです。ただ、この論理は、たんに物質的現象に関する粗雑な論理、通常唯一のものだと思われている粗雑な論理とは一致しません。

純粋に論理的に進み、一連の原因を探求すると、思考の経過のなかで前世にいたります。霊的なものを把握しようとするなら、思考そのものがべつのものにならねばならないということに注意することが必要です。

精神世界から開示するものを人間は把握できない、と思われています。それは把握できるのです。しかし、論理は拡張しなければなりません。音楽作品その他の芸術作品を把握しようとするなら、それにふさわしい条件を自分のなかに有することが必要です。その条件を持っていなかったら、なにも把握することができません。音楽作品は雑音のごとく通り過ぎます。あるいは、芸術作品を、理解しがたい形象としてしか見ません。精神世界から伝承されるものには、精神世界に合った思考をもたらさねばなりません。それは、すでにたんなる論理的思考からわかることです。多様な原因を調べることによって、論理的帰結によって前世を理解できることになります。

死体を考察すると、大きな問いが残ります。死体は、生命のないものです。生命のない自然は、そのさまざまな結晶形態において、外に存在しています。「生命なき自然は人間の死体とどのような関係にあるのか」という大きな問いが、わたしたちのまえに立ちます。「わたしのまわりの植物界を見ると、植物界はみずからのなかに、わたしのエーテル体の本源たるエーテル宇宙の彼方からの力を担っている」と考えると、この問いに答えをもたらしうるものが、すでに見出されます。外のエーテルの彼方に、植物を発生させるものがあり、エーテル体は死後そこへと赴きます。植物の生命が湧き出るエーテルの彼方へと、人間は赴きます。そこに赴くということは、人間がそれと類縁だということです。まさに、

「わたしのエーテル体はそこに行く。緑が芽生える植物界が、そこから来る」と、いうことができます。

しかし、つぎのような差異があります。人間は自分のエーテル体を捨て去ります。植物は生長するためにエーテルを受け取ります。植物はエーテルを生命として保ちます。人間は死後、エーテル体を捨てます。人間はエーテル体を、余分なものとして捨てるのです。植物はこのエーテル体を、生命を与えるものとして保持します。人間が最後にいたるところから、植物は始まります。植物の始まりは、人間のエーテル体の終わりと組み合わさります。

つぎのような問いが心に浮かびます。「多様に形成された結晶の鉱物界についても、わたしが最後のものとして残した物質的な死体が、始めになるのだろうか。そこでも始めと終わりが組み合わさるのだろうか」。

きょうは、このような問いが出てきたところで話を終わりにしましょう。そして明日、人間の運命、いわゆるカルマの問いを徹底的に考察しましょう。これからカルマについてお話ししていくにあたっては、抽象の迷路に入っていくことはもうありません。しかし、思考力の発展のために抽象の迷路が必要だったことが、おわかりになると思います。

第二講　鉱物・植物・動物・人間・霊的存在

人間の運命、カルマを分析する準備として必要であった抽象的考察、思考的考察から実人生へと進むと、人間が置かれているさまざまな人生の領域を心に浮かべるにいたり、そこから人間の運命、カルマの特徴を述べるための土台が得られます。

人間は、通常考えられているよりもずっと包括的な意味で、全世界に属しています。人間は世界の一部であり、世界がなければ、人間は本来、無なのです。わたしは、これまでしばしば、人間の指を例にあげて、つぎのように話してきました。「指は、人体につながっているかぎりにおいて指である。人体から切り離された瞬間、指はもはや指ではない。

外的―物質的にはおなじ指であるが、人体から切り離されると、もはや指ではない」。

そのように、人間は遍在する世界存在から取り出されると、もはや人間ではなくなります。人間は遍在的世界に属しており、その世界存在なしには、もはや人間と見られることも、人間として理解されることもなくなるのです。

昨日すでに考察したように、人間の周囲の世界はさまざまな領域に分けられます。最初に、鉱物的世界領域と通常呼ばれている生命なき世界領域があります。わたしたちが身体を捨て去り、死の扉を通過したとき、わたしたちは生命なきものとして鉱物界に類似したものとなります。わたしたち本来の存在はそれまで、この生命なきものと似たものであることは、まったくありません。捨てられた身体形態が、この生命なきものと似たものになるのです。一方では、人間が生命なき領域に捨て去った物質的な死体があり、他方には広大な、生命のない結晶の鉱物界と非結晶の鉱物界があります。すでに述べたように、人間は地上に生きているかぎり、鉱物界とはまったく異なった存在です。死体として鉱物界に手渡されると、わたしたちの形態はすぐさま破壊されます。わたしたちは鉱物のなかに分解します。すなわち、わたしたちの形態を結びつけているものは、鉱物と共通するものをなにも持っていないということです。人間は物質界に生きているかぎりにおいて、鉱物から本来的な影響を得ることができないということが明らかになります。

人間が鉱物界から得る主要な包括的印象は、感覚という回り道をしてやってきます。わたしたちは鉱物を見たり、鉱物の音を聴いたり、熱を知覚したりします。つまり、わたしたちは感覚をとおして鉱物を知覚します。鉱物に対するその他の関係は、非常に少ないものです。地上での生活において、鉱物がわたしたちと関係することがいかに少ないかを考えてみてください。食べものにかける塩は鉱物です。そのほか二、三のわずかの鉱物を、わたしたちは食物として摂取します。人間が摂取する食物の大部分は、植物界、動物界から取られたものです。人間が鉱物界から受け取るものは、感覚をとおした心魂的印象、感覚知覚として鉱物から受け取るものに独特な方法で関係しています。ここで、非常に重要なことに注意していただきたいと思います。「人間の脳は、平均して一五〇〇グラムの重さがある」ということです。これは、かなりの重さです。この重さで圧迫されたなら、血管などは押しつぶされてしまいます。しかし、脳はそのように強く圧迫することはなく、ある法則に従っています。その法則というのは、液体のなかに物体を入れると、物体は重さを失うという法則です。

このことは、つぎのような実験で確かめられます。ある物体を秤に載せると、ある重さが測定されます。ついで、その物体を載せた秤を水の入った容器のなかに入れると、その物体の重さが減るのが観察されます。どれくらい軽くなるかを測定すると、その物体が押しのけた体積分の液体の重さだけ軽くなったことがわかります。ですから、その液体が水だとすると、水のなかの物体は、その物体が押しのけた容積分の水の重さだけ軽くなるわけです。これが、いわゆるアルキメデスの法則です。アルキメデスは、この法則を風呂のなかで発見しました。彼は風呂のなかで、湯のなかに入れるか、湯の外に出すかで自分の脚が軽くなったり、重くなったりするのに気づきました。そして、「わかったぞ」と、叫びました。

これは、非常に重要なことです。重要なことは、しばしば忘れられるものです。アルキメデスの法則を忘れていなければ、昨年（一九二三年）十二月一日にイタリアのベルガモ・アルプスのダムの事故で数百人が死亡した不幸な出来事は、おそらく避けられたことでしょう。

物体は、その物体が押しのけた分の液体の重さを失います。脳は脳水のなかにあります。脳は脳水のなかに浮かんでいます。今日ではときおり、固体としての人間は、本来、魚であるという認識がなされています。事実、人間は九〇パーセント水から成っていて、そのなかで固体が魚のように浮かんでいます。

脳は脳水のなかに浮かんで軽くなり、二〇グラムしか重さがありません。本来は一五〇〇グラムある脳は、二〇グラムの圧迫しか下方にかけないのです。わたしたち人間は、脳が脳水のなかに浮かんでいることによって、地球の重さから自由になる強い傾向を、この重要な器官のなかに持っているということを、一度考えてみてください。脳という器官は、地上的な重さに服してはいないのです。地上的な重さが、まず器官から取り去られるのです。

自分が感覚をとおして受け取る印象の大きな意味と、食事のなかの塩分などから受け取るものとを比べてみると、「鉱物界から人間に直接的な影響を与えるものは、一五〇〇グラムに対する二〇グラムのようなものでしかない」ということがわかります。感覚印象から受け取るもののほうが、はるかに勝っているのです。そのために、わたしたちは刺激によって引き裂かれはしません。塩などのように、わたしたちの内部で地球の重さに従うものは、たいてい、わたしたちが内部に貯蔵するものです。塩は、保存し、維持し、新鮮にする力を持っているからです。人間は全体として、周囲の鉱物界から独立しています。人間は鉱物界から、自分の存在に直接的な影響を持たないもののみを自分のなかに受け入れるのです。人間は鉱物界から独立して、自由に動きます。

もし、この自由と独立性がなかったなら、人間の自由とわたしたちが呼んでいるものは、そもそも存在しなかったでしょう。非常に意味深いのは、「鉱物界は、人間の自由の対として存在している」と、いわねばならないことです。鉱物界が存在しなかったら、わたしたちは自由な存在ではなかったことでしょう。植物界にいたると、わたしたちはもはや植物界から独立してはいません。わたしたちは、結晶、鉱物界に目を向けるのとおなじように、植物界に目を向けているように見えるだけです。実際はそうではありません。植物界が広がっています。わたしたち人間は、呼吸する存在、生命ある存在、新陳代謝をおこなう存在として、世界に生まれました。そのような存在として人間は、感覚的印象が仲介するものすべてよりも、わたしたちの目、わたしたちの耳よりも、ずっと周囲に依存したものです。植物界は、あらゆる側から地球に力を送るエーテルによって生きています。人間も、このエーテルに従っています。

わたしたちが生まれ育ち、生長力がわたしたちのなかで活動するなら、それがエーテルの力です。植物を生長させるのとおなじ力が、わたしたちのなかにエーテルの力として生きているのです。わたしたちは自分のなかに、エーテル体を担っています。物質体は目や耳を有しています。すでに述べたように、物質体は物質界と共通するものをなにも有していません。そのことは、物質体が死体として物質界のなかで崩壊することが示しています。

わたしたちのエーテル体は異なっています。わたしたちはエーテル体をとおして、植物界と類縁関係にあります。しかし、わたしたちは成長すると、ある意味でわたしたちの運命に深く関連するものを、わたしたちのなかに形成します。わたしたちは背が小さくて太ったふうに成長したり、背が高くて痩せたふうに成長したりします。さまざまな鼻の形を持って、成長します。つまり、わたしたちがどのように成長するかという方法は、わたしたちの外面に影響を与えます。それは、最初のうちは緩いものであっても、わたしたちの運命と関連しています。しかし、成長はこのような粗雑なことのなかにだけ表現されるのではありません。人間が検査のために用いる器具が十分に精妙なものであれば、各人が独自の肝臓の構造、独自の脾臓の構造、独自の脳の構造を持っていることが見出されることでしょう。肝臓は、たんに肝臓なのではありません。各人によって、肝臓は微妙なニュアンスで異なっているのです。それらすべては、植物を生長させる力と関連しています。わたしたちはつねに地上を覆う植物を見なければなりません。そして、地上を覆う植物を見ることによって、「エーテルの彼方から植物を生長させるものは、わたしたちのなかで、わたしたちの運命と非常に関わりのある本源的な人間原基を生じさせる」ということに気づかねばなりません。どのような肝臓の構造、どのような肺の構造、どのような脳の構造をエーテル界から得るかは、わたしたちの運命と深く関わるからです。

もちろん、人間はあらゆる事物に関して外面しか見ません。鉱物界を見ると、鉱物界のなかにあるものを、だいたい見ます。鉱物は人間が見出したいと思っているものをすべて含んでいるので、人々は鉱物界について科学的に語るのを非常に好みます。

植物界の力として維持されるものにおいては、そのようなことはもはやありません。イマジネーション認識にいたると、「鉱物は、鉱物界に閉じられている」ということが、ただちにわかります。植物界を維持するものが外的に通常の意識に現われることは、まったくありません。そこでは、もっと深く世界のなかに進まなくてはなりません。「植物界のなかでは、本来なにが活動しているのか。なにがエーテルの彼方から、植物を地中から発芽させる力、わたしたちを成長させる力、わたしたちの全身の精妙な構造を生じさせる力を引き出すのか」という問いが出てきます。

こうして、わたしたちはいわゆる第三ヒエラルキアの存在たち、アンゲロイ、アルヒアンゲロイ、アルヒャイにいたります。彼らは最初は不可視の存在ですが、彼らがいなければ、植物を生長させるエーテルの力の波立ちはなかったことでしょう。植物を生長させるのとおなじエーテルの力が、人間のなかで活動しています。植物界の力に近づこうとするなら、たんに目に見えるものの認識にとどまっていることはできません。「わたしたちは死と再受肉のあいだの身体から開放された状態で、アンゲロイ、アルヒアンゲロイ、アルヒャイへの関係を発展させていく」ということを、知らねばなりません。第三ヒエラルキアの存在たちとの関係を発展させたあと、わたしたちの内的な本質のカルマが形成されていきます。エーテル体がわたしたちの体液をどのように組み立て、わたしたちをどのように大きくしたり小さくしたりするかに、わたしたちの内的な本質のカルマは依存しています。

しかし、第三ヒエラルキアの存在たちは、この力しか持っていません。植物が生長するのは、彼らの力だけによるのではありません。この点に関して、第三ヒエラルキアのアンゲロイ、アルヒアンゲロイ、アルヒャイは、より高次の存在たちに仕えているのです。宇宙エーテルのなかでの植物の生長力の波立ちは、たしかに最初は第三ヒエラルキアの存在たちによって成し遂げられます。しかし、この点に関して、第三ヒエラルキアの存在たちは、より高次の存在たちに仕えるものなのです。わたしたちが霊的世界から肉体のなかに下るまえに体験するもの、いままでお話ししてきたわたしたちの精妙な構造と関連するものは、わたしたちが第三ヒエラルキアの存在たちと意識的に出会うことによって生じます。わたしたちが超物質的存在から物質存在へと下るまえの最後の時期に、わたしたちが前世で準備したものしだいで、第三ヒエラルキアの存在たちの指導によって、彼方のエーテルからわたしたちのエーテル体が形成されます。

ですから、わたしたちはまなざしを、わたしたちの内的な状態から、わたしたちの運命、わたしたちのカルマのなかに働きかけるものへと向けなければなりません。わたしたちはカルマのこの部分のために、健康と不快感という表現を用いることができます。健康と不快感は、わたしたちのエーテル体の内的な質と関連しているのです。

わたしたちのカルマのなかに生きる第二のものは、植物界だけではなく動物界も地球に棲息していることと関連しています。「地上のさまざまな地域に、さまざまな動物が棲息している」ということを、考えてみてください。地上のさまざまな地域によって、いわば動物環境が異なっているのです。

しかし、「人間も、動物が生きている大気のなかに生きている」ということを、みなさまはお認めになるでしょう。今日では、このようなことを見ることに慣れていないので、グロテスクに聞こえるかもしれません。象が生きている地方は、宇宙が地球に、象が発生しうるように働きかけている地域です。地上のある地域に象が棲息しており、宇宙から象を形成する力が働きかけています。おなじ場所に人間がいれば、その力は存在しないのでしょうか。その場所に人間がいても、その力は存在します。あらゆる動物に関して、同様のことがいえます。壁で仕切られた家のなかにいるとはいえ、わたしたちはここドルナッハで、ユラ・アルプスに植物を形成する力のなかに生きています。わたしたちが住んでいる場所に、エーテルの彼方から植物を形成する力がやってくるように、象が棲息できる状態の地上で、人間も象を形成する力の下に生きるのです。地表に生きる大小の動物の心魂のなかに多くのものが生きており、人間もその大気のなかに生きているということに、みなさまは気づかれることでしょう。

それらすべてが、実際に人間に作用します。もちろん、動物への作用とは異なったふうに、人間に作用が及びます。人間は動物が持っていない質、構成要素を持っているからです。もし人間に対して動物とは別様の働きかけがなされなかったなら、人間は象の生きる地域で、まさに象になっていたことでしょう。人間は象にはなりません。「人間は絶えず、自分に働きかけるものから抜け出そうとしているが、人間はその大気のなかに生きている」

のです。

この大気に、人間のアストラル体のなかにあるものすべては依存しているのです。人間の健在、不快は地上の植物存在に依存しており、わたしたちが人間として地球存在のなかで発展させる共感と反感、および、わたしたちが前世からもたらすものは、動物環境を形作るものに依存しているのです。

象は長い鼻と、太い柱のような足を持っています。鹿は角を持っています。そこには、動物を形成する力が働いています。この力は人間のなかでは、アストラル体への作用のなかにのみ示されます。そして、アストラル体への作用のなかで、個々の人間個体が霊的世界からもたらす共感と反感が作られます。

この共感と反感に注意してください。いかに強力にこの共感と反感が人生を導いているかに注意してみてください。わたしたち人間はある意味で、共感と反感を克服して成長するように育てられます。しかし最初は、わたしたちは共感と反感のなかを生きていきます。ある人はあることに共感を持ち、ほかの人はべつのものに共感を持ちます。ある人は彫刻を好み、べつの人は音楽を好みます。ある人は金髪の人を好み、べつの人は黒い髪を好みます。強い共感があるのです。人生全体が、そのような共感と反感に浸透されています。

多様な動物形態を作るものに、共感と反感は依存しているのです。

外に存在するさまざまな動物の姿に相当するものとして、なにを人間は内面に担っているかを考えてみましょう。動物の種類は何百、何千とあります。わたしたちの共感と反感の姿も何百、何千とあります。ただ、たいていは、無意識のなか、意識下にとどまっているのです。

それが、第三の世界です。

第一の世界は、わたしたちが依存しない鉱物界です。第二の世界は、植物界を発生させるアンゲロイ、アルヒアンゲロイ、アルヒャイが生きている世界であり、その世界がわたしたちに与える内的な質のなかで、わたしたちは健在あるいは不快を人生のなかに持ち込み、自分が死ぬほど不幸だと感じたり、幸運だと感じたりします。わたしたちの運命が、わたしたちの内的な構造、わたしたちのエーテル体全体をとおして意味するものが、この世界から取り出されます。ついで、わたしたちの運命を深く制約する共感と反感にいたります。そして共感と反感は、たんなる生長力よりもはるかに広大にわたしたちの運命に属するものを、わたしたちにもたらします。

共感と反感は、人間をはるかな彼方に運んでいきます。共感が人間を彼方にもたらし、彼方で人間の運命の個々の部分が発展するので、人間は方々に生きることになります。

この共感と反感が、人間の運命全体に深く関連しています。それらは、第三ヒエラルキアではなく、第二ヒエラルキア、すなわちエクスシアイ、デュナミス、キュリオテテスが生きる世界のなかに生きるのです。第二ヒエラルキアの高次で崇高な形姿が、動物界のなかに生きています。しかし、わたしたちが死と再受肉のあいだに交流するこれらの存在がわたしたちのなかに植えつけるものが、わたしたちが誕生とともに霊的世界から物質界にもたらすもののなかに生きています。

これらのことを見通すと、通常の遺伝という概念は、ほんとうに子どもっぽいものになります。わたしに父か母の特徴が遺伝するには、わたしが父や母の特徴に対する共感あるいは反感をまず発展させねばなりません。わたしはなんらかの自然の因果関係によって特性を遺伝されたのではなく、その特性に対する共感を持ったということが決定的なことなのです。

なぜそのような共感を持ったのかについては、次回以降お話しししていきます。カルマについて語るには、多くの時間が必要です。今日の科学は遺伝について語り、それが特別賢いことだと自惚れていますが、それは子どもっぽいことです。

今日では、精神的――心魂的なものも遺伝されると主張されています。才能は祖先から遺伝されると考えられており、天才が世に現われると、その才能を形成する個々の部分を、その天才の祖先のなかに探し出そうとします。これは奇妙な証明方法です。遺伝によって才能がふたたび生産されるというのが理性的な証明だというのです。しかし、この証明方法によると、奇妙なことになります。ゲーテには息子がいましたし、ほかの天才にも子どもがいました。しかし、天才がおり、その天才の特性が彼の祖先のなかに見出されるというのは、わたしが水のなかに落ちて引き揚げられたとき、水に濡れているという以上のことを述べているわけではありません。水とわたしの本質とは、あまり関わりがありません。もちろん、わたしは自分の共感をとおして、適切な特性をもった遺伝の流れのなかに生まれます。水に落ちて、濡れて引き揚げられるように、わたしは遺伝された特性を身につけます。しかし、このようなことがらに関して人々が有する表象はグロテスクで子どもっぽいものです。地上に生まれるまえの人間存在のなかに共感と反感が現われ、共感と反感が人間にもっとも内的な組織を与えるのです。共感と反感をもって人間は地上に生まれ、共感と反感をもって自分の運命を構築するのです。

いまや、わたしたちは容易に、つぎのように表象することができます。「わたしたちは前世で、ある人とともにいた。共同生活のなかで、多くのことが生じた。そのつづきが、死と再受肉のあいだにおこなわれる。高次のヒエラルキアの力の影響下に、前世の体験からつぎの人生にもたらされるものが、いきいきとした思考、いきいきとした宇宙衝動のなかに形成される」。

人生に入る衝動を形成するために、共感と反感を必要とするのです。

この共感と反感がエクスシアイ、デュナミス、キュリオテテスの影響下に、死と再受肉のあいだに形成されます。前世に応じて、わたしたちがともに生きていかねばならない人々を、この共感と反感が見出します。

もちろん、この共感と反感の獲得において、さまざまな錯誤が生じます。しかし、その錯誤は数多くの地上での生をとおして均衡が取られていきます。

「共感と反感」が、わたしたちの運命の第二の構成要素、カルマの第二の構成要素です。カルマの第一の構成要素は、「内的な健康と不快感」です。第二の構成要素は、「共感と反感」です。わたしたちは、人間の運命のなかで共感と反感へといたることによって、動物界を形成する力が存在する領域へと上昇します。

さて、わたしたちは本来の人間界へと上昇します。わたしたちは植物界、動物界とともに生きているだけではありません。わたしたちは自分の運命のために、ほかの人々とともに生きています。それは、植物との共同生活、動物との共同生活とは異なった共同生活です。この共同生活をとおして、わたしたちの運命の主要事が構築されます。そこに働く衝動は、ただ人類のみに働きかけます。そして、「人類にのみ働きかける衝動とは、どのようなものか」という問いが生まれます。

純粋に外的な考察をしてみましょう。

わたしたちの人生は、わたしたちが地上で導くのとはべつの側から、ずっと大きな叡智によって導かれます。わたしたちはしばしば、後年になって、自分の人生にとって非常に重要な人物に出会うことがあります。わたしたちがその人物に出会うまでどのように生きてきたかを振り返って考えるなら、人生全体がその人物に会うための道程だったように思われます。わたしたちはその人物に適切な時期に出会うために人生を歩んできたかのようです。

つぎのようなことを一度考えるだけで十分でしょう。ある年齢で、意識的にこれからなんらかのかたちで共同のものを体験し、共同で活動する人物を見出すことはなにを意味するかを、考えてみてください。明瞭な意識で、わたしたちをそこに導いた衝動としてなにが現われるかを考えてみてください。どのようにしてその人物を見出したのかを考えると、つぎのようなことが思い浮かびます。「まず、多くの人に関連する出来事を、わたしたちは経験したにちがいない。そうでなければ、その人物を見出す可能性はなかったであろう」。その出来事が生じるためには、またべつのことを体験しなければならなかったでしょう。複雑な関連のなかに入っていきます。なんらかの決定的な体験にいたるために、わたしたちはその関連のなかに入っていかねばなりません。そうして、「五十歳のときにどのようにしてある人物と決定的な出会いがあったのかという謎を十四年かけて意識的に解こうという課題を立てたなら、それを算数の例題のように意識的に解くことであろう」と、考えます。このようなことを考察すると、わたしたち人間の意識は恐ろしく愚鈍であり、世界に生起することは無限に賢明であることがわかります。

このように考察すると、わたしたちの運命の働き、カルマの働きのなかの非常に入り組んだ、意味深いものが示唆されます。それらすべては、人間界で演じられるものです。「それは事実、無意識のなかにあって、わたしたちとともに生じるものだ」と、考えてみてください。決定的なことが生じるときまで、それは無意識のなかにあります。それは、あたかも自然法則の下にあるかのように生じます。この領域で生じることは、自然法則と、わたしたちが外的な自然法則に従って形成したものすべてに矛盾するものです。そのことについても、わたしは繰り返し注意を促してきました。人生の外面は、予測可能な法則につながるのです。

生命保険というものを取り上げてみましょう。生命保険は、たとえば十九歳あるいは二十五歳の青年の寿命を推定、計算することによって、成り立っています。この計算によって、十九歳の青年はあと何年生きるかが推定されます。その年月が過ぎ去った、としてみましょう。だからといって、みなさまは死ぬ義務があると感じることはないでしょう。大昔に、推定寿命ののち、二人の人が死んだとしましょう。彼らは死んだあと、わたしが述べてきたような方法で、ふたたび出会うのです。このようなことは、わたしたちが自然の事実から人間生活のために算出するものの彼方で生じるのです。それでも、それは自然の事実のように、内的な必然性をともなって生じるのです。「地震や火山爆発その他の大小の自然の出来事が生じるのとおなじ必然性をもって、二人の人間が人生の歩みを経て地上で出会う」と、いうことです。

わたしたちはここで、物質界のなかに新しい領域が立ち上がるのを見ます。たんに健在と不快、共感と反感のなかだけではなく、わたしたちはこの領域のなかで、わたしたちの出来事、体験のなかに生きるのです。わたしたちは、わたしたちの人生を運命的に規定するる出来事、体験の領域のなかに投げ込まれるのです。

この領域には、第一ヒエラルキアのセラフィム、ケルビム、トローネが活動しています。そこで活動するもの、人間の歩み、心魂の刺激、わたしたちのなかにあるものすべてを世界のなかで人間の運命が成長するように導くために植物界のなかに活動する大きな力として、アンゲロイ、アルヒアンゲロイ、アルヒャイのヒエラルキアがおり、エクスシアイ、キュリオテテス、デュナミスのヒエラルキアがそれに加わっています。それに加えて、もっとも崇高な存在たちである第一ヒエラルキア（セラフィム、ケルビム、トローネ）の力があります。そこに生きるものは、わたしたち自身の自我のなか、わたしたちの自我組織のなかに生き、前世から現世へと生きます。

アルヒャイ、アルヒアンゲロイ、アンゲロイ
カルマの第一の構成要素「健在、安楽、不快」

デュナミス、エクスシアイ、キュリオテテス
カルマの第二の構成要素「共感、反感」

セラフィム、ケルビム、トローネ

カルマの第三の構成要素「出来事、体験」

ここで、みなさまは地上に生きており、本能、情熱、衝動から、あるいは愚かな考えからさまざまなことを引き起こす、と考えてみてください。それらはすべて、衝動として存在しています。ある地上での人生を生きているなら、みなさまが自分の衝動からおこなうことがさまざまなものへと導きます。それは他者の幸せ、損害へと導きます。ついで、みなさまは死と再受肉のあいだの生を通過していきます。この死と再受肉とのあいだの生において、みなさまは「わたしはあの人に危害を加えた。そのために、わたしは、その危害を加えなかったときよりも不完全になった。わたしは、その危害の埋め合わせをしなければならない」という強い意識を持ちます。その危害を埋め合わせようという衝動が、みなさまのなかに生じます。だれかを助けることをおこなったら、その人の助けとなったものを見て、「これは普遍的な宇宙の要求のために差し出さねばならない。それは世界のさらなる帰結へと導かねばならない」と、みなさまはおっしゃいます。

このすべてを、みなさまは内的に発展させることができます。このすべてが、死と再受肉のあいだの生においてみなさまの身体の内的本質が形成されるに従って、健康あるいは不快感を与えることができます。みなさまがエクスシアイ、デュナミス、キュリオテテスの助けを借りて適切な方法でアストラル体を形成することによって、そのすべてはみなさまを共感と反感に導くことができます。しかし、このすべては、前世においてたんに人間的事実であったものを宇宙の行為にならせる力を、みなさまに与えることはまだできません。みなさまは他者を助けるか、害するかしました。そのことが、みなさまが来世でその人物に出会い、埋め合わせをしようという衝動を見出すという作用を引き起こします。たんに道徳的な意味を持っているものが外的な事実になり、外的な出来事にならねばなりません。

そのために、道徳的行為を宇宙的行為に変化、変容させる存在たちが必要です。それが第一ヒエラルキアの存在たち、セラフィム、ケルビム、トローネです。彼らは、ある人生においてわたしたちから発するものを、つぎの地上生の体験へと変化させる存在です。彼らは、人生の出来事、体験のなかで活動します。

わたしたちのカルマには、つぎの三つの要素があります。わたしたちの内的な構造、わたしたちの内的人間存在は、第三ヒエラルキアの下にあります。わたしたちの共感と反感、ある意味ですでにわたしたちの周囲のなかにあるものは、第二ヒエラルキアの要件です。わたしたちの外的な人生として現われるものは、もっとも崇高な第一ヒエラルキアの要件です。

このようにわたしたちは人間と世界との関係を見て、「この三つの要素から、人間の運命の細部がどのように発展するのか」という大きな問いにいたります。

人間は両親の家で生まれます。人間は地上のある場所で生まれます。人間はある民族のなかに生まれます。人間はある事実の関連のなかに生まれます。人間が両親の家で生まれ、教師の手に委ねられ、ある民族のなかに生まれ、地球のある場所に生まれることによって現われるもののすべてが、人間の自由にもかかわらず、人間の人生を深く運命的につかみます。そのすべてが、最終的になんらかの方法で人間の運命を構成する三つの要素に従属しています。

この基盤に正しく注目すると、個々の問いに対する適切な答えが見出されます。なぜ二十五歳で天然痘にかかって生命の危機を体験するのか、あるいはその他の病気にかかったり事故に遭うのはなぜなのか、人生のなかで、どのようにして人々の要求、民族による要求、さまざまな外的な出来事をとおして生じる要求に介入できるのか、と問うことにしましょう。わたしたちは、あらゆるところで、三つの方法で人間の運命を構成するもの、人間を宇宙的ヒエラルキアの総体のなかに据えるものに戻らねばなりません。ただ鉱物界においてのみ、人間は自由に動けます。鉱物界は人間の自由の領域です。

そのことに気づくと、人間は正しい方法で自由の問いを立てることができます。わたしは『自由の哲学』において、意志の自由が問われないことに大きな価値を置きました。意志は無意識の深みに存在しており、意志の自由について問うことは無意味なのです。人間は思考の自由についてのみ語ることができます。そのことを、わたしは『自由の哲学』で論じました。自由な思考が意志に衝動を与えると、人間は自由になります。しかし、思考をもって人間は鉱物界のなかに生きるのです。植物界、動物界、人間界のなかで人間が生きるときは、運命に屈します。自由というのは、「人間は自由になるために、高次のヒエラルキアに支配される領域から、高次のヒエラルキアから自由な領域である鉱物界へと入る」と、いいうるものです。鉱物界は人間にとって、死体を捨て去って、死の扉をくぐったあと、死体のみに類似したものです。人間は地上での生活において、人間を破壊する鉱物領域において自立しています。この領域において人間が自由なのは驚くべきことではありません。もし人間がこの領域に移ると、この領域は人間に、人間を破壊する以外の関与をしません。人間は鉱物界に属していません。自然現象においても人間が自由な領域に死体として存在するためには、人間は死ななくてはなりません。このような関連があるのです。

人間は年老いていきます。年老いて死ぬと、人間は死体として鉱物界に類似したものになります。人間は年を取ると、生命のない領域にいたります。そして、死体を切り離します。それは、もはや人間ではありません。鉱物界を見てみましょう。鉱物界は、もはや神ではありません。死体がもはや人間ではないように、鉱物界はもはや神ではありません。では、いったいなになのでしょうか。神性は植物界、動物界、人間界に存在します。神性をわたしたちは、三つのヒエラルキアのなかに見出しました。人間の死体が人間でないのと同様に、鉱物界のなかには神性が見出されません。鉱物界は、神の死体なのです。これから注目すべき事実をお話ししていくことになるのですが、きょうは示唆のみをしておきたいと思います。人間は死体になるために年老い、神は死体になるために若返るのです。わたしたちが死後歩む道とはべつの道を神々は進みます。ですから、鉱物界はもっとも若い領域なのです。しかし、鉱物界は神々から切り離された領域です。そして、鉱物界が神々から切り離されたために、人間は鉱物界のなかで自由に生きることができるのです。このように事物は関連しています。人間はこのような方法で、自分の感受性、思考、感情、意志衝動を世界と正しい関係にもたらすことを学ぶと、世界のなかでますます故郷にいるように感じます。こうしてのみ、どのように運命的に世界のなかに置かれ、他者との関係のなかに置かれるかを人は見るのです。

第三講　カルマと自由

カルマがどのようなものかは、自由という衝動と比較してみると、もっともよく洞察できます。まず、おおまかにカルマの問いを取り上げてみましょう。その問いは、なにを意味するでしょうか。人生のなかには、一連の地上生活が記録されています。ある地上での人生を理解することによって、すくなくとも思考において、わたしたちはこの現在の地上生活が数多くの前世の繰り返しであることを振り返ることができます。現世には前世が先行しており、その前世にはさらなる前世が先行しています。こうして、現在の地球時代におけるような方法で輪廻転生について語ることが不可能な時点にいたります。今日では誕生から死までの人生と死から再受肉までの人生のあいだに大きな差異があります。しかし、時代をさかのぼっていくと、誕生から死までの人生と死から再受肉までの人生が類似したものになっていきます。今日、わたしたちは生まれてから死ぬまで地上の身体のなかに生き、通常の意識には霊的世界は閉じられていると感じます。人々の通常の意識は、霊的世界を彼方のものとして語ります。さらに、霊的世界の存在を疑ったり、霊的世界を否定したりするようになっています。

そのようになったのは、地上存在において人間が外的な感覚界と悟性に限定されて、この地球存在と実際に関連するものを見ることができないからです。さまざまな論争がなされるのは、論争の対象について未知であるということに原因があるのです。一元論、二元論などといって、人々が論争しているのをみなさまは体験されたことでしょう。このようなスローガンについて論争するのは、まったく無意味なことです。まるで、空気というものが存在するということを聞いたことがない未開人のように、論争しているのです。空気というものが存在し、空気がどのような課題を持っているかを知っている者は、空気を彼岸のものとして語りはしないでしょう。その人は、「わたしは一元論者だ。空気と水と土はひとつのものだ。君は、空気のなかに固体と液体を越えたものを見るから、二元論者だ」と、いうことはないでしょう。

このようなことは無意味です。概念をめぐる論争は、すべて無意味なものです。空気というものを知らない人にとって空気は存在せず、彼岸のものであるのと同じく、空気と同様にあらゆるところに存在する霊的世界を知らない人にとっては、霊的世界は彼岸のものです。事物を洞察できる人にとっては、霊的世界は此岸のものです。今日の地球時代において、人間は誕生から死までのあいだ肉体のなかに生き、身体が意識を人間に与えます。しかし、その意識をとおして、ある意味で、人間は原因の世界から閉め出されたのです。原因の世界は、物質的地球存在に働きかけています。

そして、死と再受肉のあいだ、人間はべつの世界に生きます。その世界を、物質世界に対して、霊的世界と呼ぶことができます。そこでは、人間は可視の肉体を持ちません。そこでは、人間は霊的な存在のなかに生きるのです。そして、死と再受肉のあいだ、生まれてから死ぬまでに生きる世界は見知らぬものになります。ちょうど、いまの通常の意識にとって霊的世界が未知のものであるのとおなじです。

地上に生きているものが霊的世界を見上げるように、死者は物質世界を見下ろします。ただ、感情は逆転しています。物質世界において、生まれてから死ぬまでのあいだに人間が見上げる別世界は、地上で満足が得られないものの成就をもたらす世界と感じられます。死と再受肉のあいだにある人間は、自分が担いきれないほど多くの出来事ゆえに、地上生活に帰りたいという、絶え間ない憧憬を持ちます。死と再受肉のあいだの時期の後半に、大きな憧れをもって、地上に誕生することを期待します。通常の意識によっては、死後の生活について不確かなので、地上で死を恐れますが、死と再受肉のあいだの生においては、地上生活について気が遠くなるような、途方もない確かさがあります。死者は夢に似た意識状態で、ふたたび地上に下ることへの憧れを持ちます。

以上は、地上での生と、死と再受肉のあいだの生との大きな相違についての示唆にすぎません。紀元前三千年から一千年までのエジプト時代に戻ってみると、地上の人間の意識は、今日のような野蛮に明瞭な意識とはちがって、もっと夢のようなものでした。現在では、人間は野蛮に明瞭な意識を持っており、ほんとうに利口です。わたしたちがエジプト時代に生きていたころ、わたしたちの意識は今日のように外的な対象にぶつからずに、世界を通過していくものでした。そのために意識は、わたしたちの周囲にある霊的なものを伝えるイメージに満ちていました。霊的なものが、物質的地球存在のなかに、まだ聳えていたのです。

「野蛮に明瞭な意識を持たず、夢のような意識を持っていた人間が、どのようにして、エジプト時代やカルデア時代に成し遂げられたような事業を成し遂げることができたのか」とは、いわないでください。気の狂った人が時々、途方もない肉体的な力を発揮し、明瞭な意識では持つことのできないものを持ち上げたりすることを思い出してください。彼らは現代人よりも痩せていたかもしれませんが、肉体の力は大きなものだったのです。太った人が強く、痩せた人が弱いということはありません。ただ、彼らは自分が物質的におこなった個々のことがらを観察したのではなく、物質的な行為と平行して、霊的世界の浸透した体験があったのです。

その人が死と再受肉のあいだの生にいたとき、もし「上」という言葉を使ってよければ、多くのものが地上の人生から彼岸の人生へと上っていきます。今日、死と再受肉のあいだにある人間と意志を疎通しあうのは非常に困難です。言語が、死者にはもはや理解されない形態をすでに取っているからです。たとえば、名詞は死者の理解においては、死後まもなく完全に欠落します。死者はまだ、動き、活動をあらわす動詞のみを理解します。地上においては、唯物論的な人々が、すべてはきちんと定義され、鋭い定義によって限定されるべきだと主張しますが、死者はもはや定義を知りません。死者は動きのあるもののみを知り、輪郭によって限界づけられたものは知らないのです。

しかし、古代に思考慣習として用いられていた地上の言語は、死と再受肉のあいだの生のなかへと聳え立ち、死者は死後長いあいだ、地上で体験したことの余韻を有していました。そして、死後に地上で生起したことの余韻も有していました。

さらに、紀元前八千年、九千年の、アトランティス大陸の崩壊の時期にさかのぼると、地上での生と彼岸での生のあいだには、わずかの差異しかありませんでした。さらにさかのぼると、地上の生と彼岸の生がまったく類似していた時代にいたります。そこでは、輪廻転生について語ることはできません。

時代をさかのぼっていくと、輪廻転生には境界があることがわかります。同様に、未来へと進んでいくと、輪廻転生の境界が見えてきます。人智学に取り組むことによって、通常の意識のなかに霊的世界が聳えるようになっていきます。そして、死と再受肉のあいだに生きる世界のなかに、ふたたびこの地上世界が、夢のような意識ではなく、一層明瞭な意識をもって聳えるようになります。これから、地上の生と彼岸の生の差異は、ふたたび小さくなっていきます。この生は輪廻転生のなかで、別様の存在形態へといたり、輪廻転生について語ることは意味がなくなります。地上での生と霊的世界での生の区別が、いまほど大きなものではなくなるからです。

現在の地上生の背後には数多くの前世があり、それらの前世においてわたしたちはさまざまな人間関係を有してきました。正確な精神科学的探求によれば数えることが可能なので、無数の前世という言い方はできません。かつての人間関係の作用は、わたしたちがいまの地上での生において遂行するものの作用が来世に及ぶのと同様のあり方をしています。わたしたちは、いまの生に現われている多くのものの原因を、前世に探求しなければなりません。人間は容易に、「人間がいま体験していることには条件、原因がある。それなら、どうやって人間は自由になりうるのか」と、思うことでしょう。

そのように考察すると、問いはすでにかなり意味深いものです。あらゆる霊的観察が、来世がこのような方法で前世に規定されていることを示しているからです。他方では、自由の意識が絶対に存在します。『自由の哲学』をお読みになれば、人間の魂のいとなみ全体が、正しく理解された自由に向けられていることを明らかにしないと、人間を理解することはできないということがおわかりになるでしょう。

『自由の哲学』に述べた自由の理念は、非常に重要なものとして正しく理解する必要があります。そこでは、人間は自由をまず思考のなかで発展させることが述べられています。

思考のなかに、自由の源泉が開きます。人間は、思考において自由な人間であるという直接的な意識を持ちます。

「しかし、今日では、自由というものを疑っている人がたくさんいるじゃないか」と、おっしゃるかもしれません。

それは、人間が直接現実のなかで体験することよりも、理論的狂信のほうが今日では幅をきかせているということを証明しているにすぎません。人間は理論的な見解をいっぱい詰め込まれているので、もはや自分の体験を信じていないのです。人間は今日、自然の経過を観察して、「すべては必然的に規定されている。あらゆる作用には原因がある。存在するものには、すべて原因がある」という理念を形成しています。人々は輪廻転生を考えずに、思考から湧き出るものは、機械から現われるものと同様に引き起こされるのだと考えています。

この理論、この一般的因果律の理論をとおして、現代人は自分のなかに明瞭に自由の意識を担っていることに対して盲目になっています。ほんとうに自己意識に到達すれば、自由というのは体験される事実なのです。

神経組織は神経組織であり、そこから思考が魔法のように呼び出されるという見方をしている人々もいます。思考は、燃料の影響下に燃える炎のような、必然的な結果であって、自由ということは話にならないということになります。

しかし、そもそも語るということによって、それらの人々は矛盾しています。わたしは何度も、つぎのように話してきました。若いころのわたしの友人は、ある時期まったく狂信的に唯物論的に思考し、「ぼくが歩くときには、ぼくの脳の神経が、歩くという作用を呼び起こすなんらかの原因に浸透されているのだ」と、思っていました。そのことについて、わたしはその友人と長時間の議論をしました。わたしは最後に、「でもね、君は、『ぼくは歩く』って、いうじゃないか。どうして、『ぼくの脳が歩く』って、いわないんだい。もし君が自分の理論をほんとうに信じているなら、『ぼくは歩く。ぼくは摑む』なんて、いっちゃいけないよ。『ぼくの脳が摑む。ぼくの脳が歩く』って、いわなくてはいけないよ。どうして、君は嘘をつくんだい」と、いいました。

理論家だけでなく、実践家もいます。取り除きたくない悪習が自分にあるのに気づくと、「やめることはできないんだ。それが、わたしの性質なのだから。自然とそうなるんだ。わたしは無力なんだ」と、いいます。

そのような人間が数多くいます。自分の本質を変えることができないということを、彼らはよりどころにするのです。恥じるべきものではなく、称賛されるべきものを自分が身につけたときには、彼らはそれを誇示し、性格は変えられないという自説を放棄します。首尾一貫しないのです。

自由な人間存在という事実は、直接体験できる事実です。通常の地上生活においても、わたしたちは多くのことをまったく自由におこない、それらのことを悪しきままに放置しないことができます。わたしたちは自由がそのことによって損なわれたとは感じません。家を建てる決意をした、としてみましょう。一年かかって家が建ちました。そのことによって自由が侵害されたと感じて、「家ができた。わたしはそこに住まねばならない。それは強制だ」と、思わねばならないでしょうか。

家を建てたことによって、自由が侵害されたと感じることはないでしょう。

この二つのことは、通常の人生のなかで、まったく平行して存在しています。かつて全力で打ち込んだものが、人生のなかに事実となって現われます。

以前の人生に由来するものを、すべて取り上げてみてください。家を建てるのがみなさまの決意であったように、それらを自分が意図したものとして考察しなければなりません。そうすると、現在の地上生は以前の地上生に由来するものですが、みなさまは自由が侵害されたとはお感じにならないでしょう。

「家を建てるとしよう。だが、わたしは自由な人間でありたい。家を建てることによって、強制されたくない。家が完成したときに、その家に引っ越したくなかったら、その家を売ってしまおう」と、いうこともできます。

そういう考えもあります。なにかをおこなったとき、人生のなかで本来なにを望んだのかを知らなかったのかもしれないという見解を持つこともできるでしょう。たしかに、そのような見解を持つことはできます。しかし、わたしたちはそのような見解は度外視しましょう。自由の狂信者で、なにかを企てては、自由でありたいために、やりっぱなしにしている人のことは度外視しましょう。「自分の企てたものの結果に責任を取るなら、自由ではない」と、いうことはできるでしょう。そのようにいう人は、自由でありたいという絶えざる刺激の下にあり、その自由の狂信に追い立てられているのです。

大切なのは、このようなことを硬直的に理論的に把握するのではなく、いきいきと把握することです。ここで、より複雑な概念に移りましょう。人間は自由であるとすると、人間本性という制約によって自由を妨げられることのない他の存在にも、高次の段階で自由を探求しなければなりません。高次のヒエラルキアに属する存在は、人間本性という制限に縛られることがありません。風変わりな神学理論を持ち出して、「神は自由でなければならない。だが、神はある一定の方法で世界を構築した。そのことをとおして、神は義務を負っている。神は毎日、世界秩序を変えることはできない。だから、神は不自由なのだ」と、いうことはできるかもしれません。

このような方法で、カルマ的な必然性と、わたしたちの意識の事実であり、自己観察の成果である自由とを対峙させると、いつまでも循環から抜け出ることができません。家を建てるという例を、もう一度取り上げてみましょう。わたしが家を建てるとはいいません。わたしは家を建てることはないでしょう。だれかが家を建てるとしましょう。そのような決意をとおして、その人は一定の方法で、自分の未来を決定したわけです。家ができあがり、以前の決意にしたがってその家に住むと自由ではなくなるとしましょう。もちろん、その人はみずから自由を限定したわけです。その人には自由がないように見えます。

しかし、考えてみてください。その家のなかには、どれほど多くの自由が残っていることでしょう。その家のなかで、賢明であるか、愚鈍であるかは自由です。同居人と冷たい関係にあるか、愛情のある関係にあるかも自由です。その家で早起きをするか、朝寝をするかも自由です。何時に起きるかは、さまざまな条件によって規定されるでしょうが、住宅建築に関しては、早起きするか寝坊するかは自由です。その家のなかで人智学者であるか、唯物論者であるかは自由です。つまり、まだ自分の自由にゆだねられたことが数多くあるのです。

個々人の生活において、カルマ的な必然にもかかわらず、自由なことが無数にあるのです。

「よろしい。わたしたちは人生のなかに自由な領域を持っている。自由があり、そのまわりを必然が取り囲んでいる」と、いわれるかもしれません。

必然もあります。周囲にカルマ的な必然があり、その必然に閉じられた自由の領域があります。

さて、つぎのようにいうことができます。「いまや、わたしはある区域において自由である。そして、いたるところにカルマ的必然を感じる。自由な領域の境界のいたるところで、わたしはカルマ的な必然を感じる」。

もし魚に思考することが可能なら、水のなかを泳いでいると水の境界にいたるので、魚は水のなかでとても不幸だということになります。魚は水の外では生きられません。ですから、魚は水の外に出ようとはしません。魚は水の外には出ません。魚は水のなかを泳ぎ、水以外のもの、空気などには関心を示しません。魚がそのようにするからといって、魚が肺で空気を呼吸できないことを不幸とは感じていないのは確かです。魚は不幸ではありません。もし魚が肺で呼吸せず鰓で呼吸することを不幸だと思うなら、肺を予備に持って、水のなかに生きるのと空気のなかに生きるのとを比べてみなければならないでしょう。そうすると、魚の内的な感じ方全体がべつのものになるでしょう。すべてはべつのものになるでしょう。

自由とカルマ的必然性に関して、人間は現在、魚が水のなかに生きるように、通常の意識をもって自由の区域で生きます。その意識をもってカルマ的必然性の領域のなかにいたることはありません。人間が霊的世界を知覚し始め、ほんとうに霊的世界のなかに生きるようになると、カルマ的必然性として自分のなかに生きる衝動を観照するようになります。そして、前世を振り返り、前世から現在の体験の原因を得ていることによって、「わたしは鉄のごとき必然の強制下にあり、わたしの自由は侵害されている」と感じることはありません。自分の決意によって家を建てたように、過去を振り返ると、いまあることがらを、いかに自分が作り上げたかが明らかになります。そして、「家を建てる決心をしたのは理性的なことだったか、馬鹿なことだったか」と問うほうが賢明だと思います。

事態が明らかになると、さまざまな見解を持つようになるのは当然です。しかし、せいぜい、「それは、ほんとうに愚かなことだった」、「家を建てたのは愚かなことだった」と、いえるだけです。

地上生活においては、なにかを開始し、それについて、それは愚かなことだったといわねばなりません。自分の愚かさを嘆くのを、人間は好みません。そんな決意をしなければよかった、と思います。しかし、それは地上生活に関してのみのことです。愚かな決意とその応報は、おなじ地上生活において体験されます。愚かさの結末を体験しなければならないのです。

個々の地上生活のあいだに死と再受肉のあいだの生があることによって、死ぬことなく地上生活が継続されていたなら変化しなかったはずの多くのものが変化します。前世を振り返ってみましょう。前世で、だれかによいこと、あるいは悪いことをしたとしてみましょう。その前世と現世とのあいだに、死と再受肉のあいだの生がありました。その霊的な生のなかで、「人に悪いことをしたために、自分は不完全な存在になった」と、考えます。その悪いおこないが自分の人間としての価値を下げ、魂を奇形にします。その奇形を修復し、過ちを補修する決意をしなければなりません。死と再受肉のあいだに、自分の意志で、過ちを埋め合わせるものを受け取るのです。だれかによいことをしたなら、人間の地上生活は人類全体のためにあるということを知るようになります。とくに死と再受肉のあいだの生において、そのように知ることができるのです。前世で、みなさまがある人を助け、その人がみなさまなしには達成しなかったであろうことを成し遂げたとしてみましょう。死と再受肉のあいだの生において、みなさまは人間的完成のためにその人とともになしたことをさらに発展させるために、その人とふたたび結ばれるのを感じます。その人を助けたことをとおして、さらに新たな地上生活において活動するために、新たな地上生活においてその人をふたたび探します。

霊的世界への真の洞察をとおして、カルマ的必然の範囲をくまなく知覚するなら、その必然を憎悪することが問題なのではなく、その必然性を振り返り、自分がおこなった行為がどのようなものであったかを見て、「内的必然性から生じたことは、まったき自由から生じねばならなかったのだ」と観照することが大切なのです。

ほんとうにカルマを洞察すると、そのカルマを了解していないというケースはひとつもないのです。カルマのなかに自分の気に入らないことがらがあるなら、それを世界の一般法則から考察しなければならないでしょう。しかし、やがて、カルマ的に規定されているということは、新たな地上生活のたびにまったく白紙の状態で新たに始めねばならないよりはよいことが明らかになっていきます。わたしたちは、わたしたちのカルマそのものだからです。前世から到来するものが、わたしたち自身なのです。わたしたちのカルマのかたわらには、自由の区域があります。わたしたちのカルマのなかで、なにかが別様であるべきだったと語ることには意味がありません。法則的に関連する全体のなかで、個別のものを批判することはできないからです。だれでも、自分の鼻が気に入らないということはあるでしょう。しかし、たんに鼻を批判することには意味がありません。自分がいまのようなありかたをするには、鼻はそのようでなければならないのです。もっとちがう鼻になりたい、という人は、まったく別人になりたい、といっているのと同じです。しかし、そういうことによって、その人は自分のことをちゃんと考えていないのです。そのようにすることはできないのです。

わたしたちは自分のカルマを排除することはできません。わたしたちは、わたしたちのカルマそのものだからです。カルマはわたしたちを混乱させません。カルマは、わたしたちの自由な行為のかたわらで経過するのであって、わたしたちの自由な行為をいささかも妨げないからです。

もうひとつ、べつの譬えを用いてみたいと思います。人間は歩きます。わたしたちは大地の上を歩きます。自分の足の下に大地があることで、歩くことが妨げられていると感じる人はいないでしょう。それどころか、大地がなければ歩くことができず、いたるところで転落しなければならないということを知るべきです。自由というのは、そういうことです。自由は、必然という大地を必要とするのです。ある基盤の上に、自由は聳え立たねばならないのです。

その基盤というのが、わたしたち自身なのです。正しい方法で、自由の概念とカルマの概念を把握すると、その両者を一致させることができます。そして、カルマ的必然を考察することにひるむ必要も、もはやありません。そのうえ、秘儀参入の洞察をとおして前世を振り返ると、なにが自分に生じ、なにがこの地上生に到来したかが、正確にわかります。秘儀参入学に触れることがないなら、なにかをおこなうべき客観的な必然性が押し寄せてきます。それを、否応なしにせざるをえないのです。しかし、そうすることによって、自分の自由が侵害されたとは感じません。その人の自由は、通常の意識のなかに存在しているからです。魚が外的な空気にいたらないように、通常の意識をもって人間が必然の作用する領域に達することはありません。しかし秘儀参入を体験すると、前世の様子を見て、そこに見られるものを、この地上生のために意識的に割り当てられた課題として考察するようになります。

逆説的に聞こえるかもしれませんが、秘儀参入学を身につけていない者は、つねに内的な衝動をとおして、自分がなすべきことを知ります。人間は自分がなにをすべきかをつねに知っており、いつもさまざまなことに駆られていると感じています。秘儀参入学に取り組みはじめた者がなすことはやや異なってきます。人生の個々の体験に対して、注目すべき姿勢をとるのです。なにかをするように駆られていると感じるとき、それをおこなわないようにも駆られるのです。多くの人をさまざまな行為に駆り立てる暗い衝動は脱落します。そして、事実、ほかのものが入ってこなければ、秘儀参入の洞察のある段階で、「いま、わたしは四十歳だが、それはわたしにはどうでもよいことだ。この洞察を得たあとでは、わたしの全生涯を、椅子に座って、なにもしないで過ごしたい。そうすれば、あれこれのことをしようという衝動は生じない」と、思います。

秘儀参入が現実性のないものだとは思わないでください。この点で、人間が考えることは注目すべきものです。焼鳥を食べるとき、これは現実だと、だれもが思います。多くの人が、秘儀参入学は理論的な作用しか有していないと思っています。秘儀参入学は生命的な作用を有しているのです。そのような生命的作用のひとつが、わたしがいま述べたことです。秘儀参入学を身につけるまえは、暗い衝動から、あるものは重要で、あるものは重要でない、というあり方をしています。参入者は、椅子に座って、世の流れをなるがままに任せようとします。あることが生じ、あることは中止されるということが問題ではないからです。そのままにとどまるわけではありません。秘儀参入学は、べつのものももたらします。秘儀参入者が椅子の上に座って、世界をなるがままにさせ、「わたしには、どうでもよいことだ」と思うのを訂正するものが存在します。それを訂正するのは、ただひとつ、前世を振り返ることです。自分のカルマから、自分の地上生の課題を読み取ります。そして、前世が自分に課したことを、意識的におこないます。自分の自由が害されると思って、それを控えることはありません。前世で体験したものにいたり、死と再受肉のあいだの生に存在したものに気づき、それにつづく適切な行為をおこなうことがいかに理性的かに気づくので、それをおこなうのです。自分が前世で立てた課題を果たせないなら不自由だと感じることでしょう。

ここで、ちょっと余談をしておきたいと思います。カルマという言葉は英語という回り道をしてヨーロッパに来ました。ですから、Karmaと書いて「カルマ」と発音されています。その発音は誤っています。「ケルマ」と発音するのが正しいのです。わたしはいつも「ケルマ」と発音してきました。残念なことに、多くの人が「キルマ」と発音するようになりました。わたしが「ケルマ」というと、「キルマ」と聞きちがえたのです。忠実な弟子たちが、「キルマ」と発音しているのをお聞きになったことがあるかもしれません。

秘儀参入学に取り組むまえにも、あとにも、カルマ的必然と自由のあいだに矛盾はありません。秘儀参入学に取り組むまえにも、人間は通常の意識をもって自由の領域にとどまり、カルマ的必然性は外に自然に演じられます。自分の本性がもたらしたのだと感じられないものはありません。秘儀参入学を身につけたあとでは、カルマの意味で行動することが理性的だと思い、カルマに同意します。家を建てた人が、「そこに引っ越すのは、わたしの自由を侵害することだ」とはいわないで、「ここに家を建てたのは理性的なことだった。この家のなかに、自由にいよう」と思うように、秘儀参入学によって前世を振り返る者は、カルマ的な課題を果たすこと、すなわち前世で建てた家に引っ越すことによって自由になることを知ります。

きょうは、人間の生活における自由とカルマ的必然との調和を示しました。あすは、カルマの個々のことがらについて、さらにお話ししていきます。

第四講　愛と憎しみ・同時代人

きょうは、最初にカルマの展開に関する包括的な視点を与え、ついで、特殊な詳述によって明らかになりうることがらへと入っていこうと思います。カルマの歩みを洞察しようとするなら、人間が霊的世界から物質世界に下ってくるに際して、どのように自分の身体組織を組み立てていくのかを思い浮かべることができなくてはなりません。

現代文明にはあまり知られていない経過を表現するのに適した言葉が現代語にはないこと、そのために、そこで生じることを表現するために用いる現代語は不正確なものであるということを理解していただけると思います。霊的世界から物質界の地上生活に下ってくるとき、わたしたちはまず遺伝をとおして肉体(物質体)を準備します。この肉体が、人間が死と再受肉のあいだに体験したことと関連していることは、これから見ていきます。いまは、肉体が地球から与えられるということを明らかにしておきたいと思います。それに対して、エーテル体、アストラル体、自我という高次の構成要素は、霊的世界から下ってきます。

血統をとおして肉体を与えられるまえに、人間はエーテル体を宇宙エーテルから引き寄せます。母体のエーテル体が物質的な胎児から離れていくことによってのみ、心魂的―精神的人間の自我、アストラル体、エーテル体が物質的な胎児に結びつくことができるのです。

人間は、宇宙エーテルからエーテル体を引き入れたあとで、物質的な胎児と結びつくことができます。あとで、その経過を詳しく叙述しましょう。いまは、人間が生まれてから死ぬまでの地上生活で有する、人間存在の諸構成要素がどこからやってくるかに、とくに興味が引かれます。

肉体組織は血統をとおして得られ、エーテル体は宇宙エーテルから吸収されます。地上生活のあいだ無意識あるいは意識下にとどまるアストラル体は、死と再受肉のあいだの生の成果すべてを含んでいます。

死と再受肉のあいだ、人間は自分の前世のあり方によって、さまざまな方法で、死と再受肉のあいだにある他者と関係を持ったり、地上の人体に下ることのない、霊的世界に存在する高次の霊的存在たちと関係を持ちます。

人間が死と再受肉のあいだの世界を通過するとき、人間が前世からたずさえてきたものに、霊的世界の存在たちは共感、反感を感じます。自分が前世でおこなったことをとおして、高次の存在たちにどのような共感と反感を見出すかだけが、カルマにとって大きな意味があるのではありません。地上で関係を持っていた人々の心魂と関係を持つようになること、そして、自分の本質と、自分が地上で関係を持っていた心魂とが独特のかたちで反射することに大きな意味があるのです。だれかが、死と再受肉のあいだにふたたび出会う心魂と、かつてよい関係を持っていたとしてみましょう。その人のなかには、前世におけるよい関係に付随したものすべてが生きています。ついで、その心魂が死と再受肉のあいだにあるときに、そのよい関係が反映します。事実、人間は死と再受肉のあいだの生を通過するに際して、かつて地上でともに生きた心魂とともにあり、いたるところに自分が反射されるのを見ます。だれかによいことをしたことがあるなら、それがその人の心魂からこちらに反射します。そして、「わたしはこの人間の心魂を助けた。その助けをとおして体験したもの、この人間の心魂のために感じたもの、その感受から行動へと導かれたもの、その援助の行為における自分の内的体験、それらがこの心魂から戻ってくる。それらが、この心魂から反射する」という感情を持ちます。ほかの人に対しては、害を与えました。その害が反射します。

強力で広大な反射器具のように、前世が、自分がともにいた人々の心魂から反射されます。そして、自分の行為に関して、「すべては継続している」という印象を得ます。死と再受肉のあいだ、地上で身体のなかに有していた自我感情は失われます。しかし、この反射全体から死者は自我感情を得るのです。自分が地上生活において一緒にいた人々の心魂のなかに、自分の行為の反射とともに生きるのです。

地上では、自我はいわばひとつの点です。死と再受肉のあいだでは、自我はいたるところで周囲から反射します。それは他者の心魂との内密な共存であり、その人々との結びつきによる共存です。

これらすべては、霊的世界では一個の現実です。多くの鏡のある空間を通っていくと、わたしたちはそれぞれの鏡のなかに自分が反射されているのを見ます。しかし、わたしたちは、自分がそこにはいないことを知っています。わたしたちがどこかに行くと、もはやわたしたちは反射されません。しかし、人間の心魂のなかに反射されるものは、存在しつづけます。死と再受肉のあいだの時期の三分の二が過ぎ去ったとき、わたしたちはこれらの反射像から自分のアストラル体を形成します。心魂のなかに反射されたものをわたしたちのアストラル体へと集結させるのです。霊的世界から物質世界に下ってくるとき、わたしたちは、死と再受肉のあいだにわたしたちの行為が他者の心魂に反射されるのを見たあとで、わたしたちのなかにふたたび受け取ったものを、アストラル体のなかに担っているのです。

このようにして、わたしたちとおなじ時期に受肉する人間の心魂に接近したり離れたりする衝動がわたしたちに与えられます。

あとで自我を考慮するときにもっと詳しくお話ししますが、このような方法で、死と再受肉のあいだに新しい地上生活におけるカルマへの衝動が形成されるのです。

そして、ある人生における衝動がいかにつぎの人生へと作用を及ぼすかを追っていくことになります。わたしたちは他者に対する行為を、愛からおこないます。わたしたちがたんなる義務の感情、しきたり、礼儀から行為するのと、愛から行為するのとはちがいます。

ある人が、愛に暖められた行為を地上でおこなったとしてみましょう。それは、力として、その人の心魂のなかにとどまります。その人が自分の行為の成果として得るもの、そこで心魂のなかに反射するものが、その人に鏡像として帰ってきます。そして、人間がそのような鏡像からアストラル体を形成して地上に下ってくることによって、前世でその人間から流出した愛は他者から帰ってきて、喜びに変化します。地上生活において人に、愛からなにかをおこなうと、愛がその人から流れ出て、他者を助ける行為とともに進み、死と再受肉のあいだの生をとおして、地上生活において流出した愛は来世で変容して、人々に流れ出る喜びになるのです。

みなさまが、だれかをとおして喜びを体験したなら、その喜びはみなさまがその人に前世で注いだ愛の成果であります。その喜びが、いまの地上生活において、みなさまの心魂のなかに、ふたたび流れてくるのです。喜びは人生を暖め、人生に翼を与えます。喜びは、費やされた愛のカルマ的な成果なのです。

わたしたちは喜びのなかで、わたしたちに喜びを与える他者と関係を持ちます。わたしたちは前世において、愛を流出させるなにかを内的に有しました。つぎの人生で、わたしたちはその結果として、喜びという熱を体験します。それも、わたしたちから流れ出るものです。人生において喜びを体験できる人は、他者を暖めることができます。喜びなく人生を歩む人は、喜びをもって人生を歩める人とは、他者にとって異なった意味を持っています。

誕生から死までのあいだに喜びのなかで体験されるものが、地上でともにいて、いまや死と再受肉のあいだにある、さまざまな人々の心魂のなかに、ふたたび映じます。さまざまな方法で、わたしたちが知っている人々の心魂からやってくる鏡像は、ふたたび反作用を及ぼします。来世、つまりさきほどから数えて三度目の地上への受肉にあたって、わたしたちはその鏡像をふたたびアストラル体のなかに担います。それがふたたびわたしたちのアストラル体に入り込み、アストラル体に刻印されます。そして、それがいまや、人間と世界についての軽やかな理解の基盤、衝動となります。わたしたちが世界を理解することをとおして、わたしたちを担う心魂の状態の基盤になるのです。人間の興味深い行動に喜びを感じ、その行為を理解するなら、それは前世の喜び、そして、さらに前世の愛を示しています。自由な開かれた感覚のなかに世界を流入させるように生き、世界を理解する人は、愛と喜びをとおして、そのようなあり方にいたったのです。

わたしたちが愛からなにかをおこなうのと、硬直し、乾燥した義務感情から行為するのとは、まったく異なったことです。わたしは、愛から発する行為が本来の倫理的、道徳的行為であると述べてきました。

わたしは、この点におけるカントとシラーの違いを、しばしば示唆しなければなりませんでした。カントは人生においても認識においても、すべて片寄っていました。カントによって認識は角張った、ぎこちないものになりました。人間の行為についても同様です。「義務よ、崇高で偉大な義務よ。おまえは好みのもの、媚びを身につけたものを、なにも含まない」(『実践理性批判』)という具合です。わたしは『自由の哲学』のなかで、多くの敵対者の偽りの怒りを引用し、わたし自身の見解として、「愛よ、暖かく魂に語りかける衝動よ」と述べました。

硬直、乾燥したカントに対して、シラーは「わたしは友人たちに尽くす。だが、わたしは、そうしたいからそうするのだ。だから、わたしは有徳ではないのかと悩む」(『風刺詩集』)と、述べています。カント倫理学によれば、そうしたいからそうするというのは高潔なことではないからです。カントによれば、硬直した義務感情からなすことが高潔なのです。

他者を愛していると、嘘ではなく、真実を語ります。しかし、愛にいたらない人々は他者に対して、愛から真実を述べることができず、人を愛することができないので、義務感情から真実を述べます。愛することができない人々は、なにか自分の気に入らないことをされたら、他者を殴ったり、平手打ちにすることを義務感情によって避けます。これが、社会生活において多くのことに関して必要な硬直した義務概念からの行為と、愛の行為との相違です。

硬直した義務概念、慣習からおこなわれた行為、「ふさわしい」からおこなわれた行為は、来世で喜びをもたらしはしません。死後、他者の心魂に映り、来世では、「人にはどうでもよいと思われていると感じる」ようになります。一生のあいだ、自分が人にはどうでもよいと思われていると感じて苦しむのは、前世における愛の欠如の結果です。人間は他者のために存在するものであり、人間は他者にとってどうでもよいものではないということを示唆されるので、自分が他者にはどうでもよいと思われていることに悩むのは当然のことです。前世で、ダモクレスの剣のように硬直した義務ゆえに礼儀正しい人間として振る舞った結果です。

つぎの地上生にいたります。愛から喜びとして到来したものは、すでに見たように、そのつぎの地上生において、開かれた、自由な心になります。開かれた自由な心は、わたしたちを世界に近づけ、美と真と善のための自由で分別ある感覚をわたしたちに与えます。他者からわたしたちに流れてくる無関心は、そのつぎの地上生において、わたしたちを自主性のない人間にします。学校に行って、先生の話を聞いても、いったいどうしたらよいのかわかりません。大きくなっても、機械工になるべきか、宮中顧問官になるべきかわかりません。どうしてよいのか、まったくわからないのです。方向の定まらない人生を送るようになります。外界を見ることに関しては、鈍感ではありません。たとえば、音楽を理解することはできます。しかし、音楽を楽しむことはありません。よい音楽か、悪い音楽かは、どうでもよいのです。絵画の美しさを感じることはできます。しかし、心のなかには、「それがなんのためになるんだ」といういらだちがあります。カルマ的関連によって、そのようなことが生じるのです。

憎しみあるいは反感への傾向から、だれかに損傷を与えたとしてみましょう。その際に現われる、さまざまな段階を考えることができます。中間の諸段階を省くと、その人は批判家であることもできます。評論家になるためには、つねに少し憎んでいなければなりません。つねに称賛する批評家というのは、今日では稀です。ものごとを承認するのはおもしろいことではないからです。ジョークをいうときだけが、おもしろいのです。さまざまな中間段階があります。ここで問題にしているのは、冷たい反感、しばしば憎しみにいたるまで気づかない反感です。そのような方法で、他者に対して、あるいは人間下の存在たちに対して引き起こされるものは、死と再受肉のあいだの生において映し出される心魂状態のなかで、ふたたび明らかにされます。そして、憎しみから、つぎの地上生において、外的な対象に起因する苦悩、不快が、喜びの反対物として世界から流れてきます。「わたしたちは多くの苦悩を体験する。それらは、ほんとうに前世の憎しみに由来しているのか。わたしが悪い奴だったとは思えない。こんなに多くの不快なことを体験するのは、わたしがそんなに多く憎んだからだとは思えない」と、いわれることでしょう。

この領域について偏見なしに考えようとするなら、自分は人に対して反感を持っていないと自己暗示をかけるとき、大きなイリュージョンに陥っているということを明らかにしなければなりません。人間は、自分が思っているよりもずっと多くの憎しみを抱いています。すくなくとも、思っているよりもずっと多くの反感を持っています。憎しみは、心魂に満足を与えるので、通常は、まったく体験されません。憎しみは満足に覆い隠されています。憎しみが苦悩として外からわたしたちに流れてくるときに、わたしたちはその苦悩に気づくのです。

おばさんたち、あるいは、おじさんたちがコーヒーを飲みながら、知人の話をしている姿を思い描いてみましょう。その話のなかで、いかに多くの反感が語られるかを考えてみてください。話をしている人たちは、そのことに気づきません。来世になると、気づくことでしょう。その反感が返ってくるのを拒むことはできません。

このように、ある地上生のなかで外から加えられた苦悩にわたしたちが感じるものの一部は、前世の反感に由来するのです。それはすべてではなく、一部です。ほかのカルマ的関連は、これからお話ししていきます。

なんらかのカルマ的な流れは、どこかで始まらねばならなかったということは、つねに明らかにしておかねばなりません。

E D C B A

H G F

という一連の地上生があるとしてみましょう。

Dが現在の地上生です。外からやってくるすべての苦悩の原因が前世にあるわけではありません。いまあるものが、来世でカルマ的に成就される原因としての苦悩であることもあります。ですから、「外から流れてくる苦悩の大部分は、前世における憎しみの結果である」と、わたしはいいます。

そのつぎの地上生にいたると、蓄積した憎しみの結果である苦悩として流れてきたものの結果が、精神の愚鈍、世界洞察の鈍感さとして心魂のなかにもたらされます。開かれた心をもって事物や人間に対峙するのではなく、無関心に、粘液質的に世界に対峙する人の場合、自分のカルマに起因する前世の苦悩をとおして愚鈍になったということが、しばしばあります。このような方法で愚鈍な心魂のなかに表現されたその苦悩は、さらに前世の憎しみの感情に起因するのです。「ある地上生における愚かさは、かつての地上生における憎しみの結果である」と、いうことができるのです。

カルマは人生を理解するためのものとしてあるだけではなく、人生の衝動として把握することができます。人生については、たんにＡＢＣＤだけがあるのではなく、これからやってくるＥＦＧＨという人生もあるのであり、現在の地上生において心魂のなかで発展させる内容が来世において作用、成果をもたらすということを、わたしたちは知ります。いまから三番目の地上生において特別愚かになろうとするなら、現在の地上生において非常に多く憎むようにすればよいのです。いまから三番目の地上生において自由で開かれた感覚を持とうとするなら、この地上生において特別多く愛すればよいのです。カルマ認識、カルマ洞察は、わたしたちの未来への意志のなかに流れ込み、未来への意志のなかで役割を果たすことによって、価値を有するのです。現在の人類進化期においては、かつてのように無意識が作用を及ぼしていくというかたちはなくなり、人間はさらに自由に、意識的になります。十五世紀前期から、人間はますます自由に、意識的になっています。そうして現代人は、来世については曖昧な感情を持っています。今日の人間は、自分がそんなに賢くないことに気づくと、今日の唯物論に従って、その原因は自分の肉体的な体質にあるとします。来世では、「とくに賢くないのなら、憎しみと反感に関連するなにかがあったにちがいない」という、漠然とした感情が現われます。

わたしたちが今日、ヴァルドルフ学校教育について語るなら、現在の地球文明を考慮に入れねばなりません。率直に輪廻転生を意識させる教育をすることは、まだできません。今日では、人間はまだ輪廻転生について漠然とした感情すら持っていないからです。しかし、ヴァルドルフ学校教育において端緒についたものが受け入れられるなら、将来、倫理的、道徳的教育において、「才能に乏しい子どもは、前世で多く憎んだのだ。精神科学によって、その子がだれを憎んだのかを探し出すのだ」というように発展していくでしょう。前世を見出し、だれを憎んだのかを見出すのです。将来、教育は、もっと人間生活に深く根差したものにならねばなりません。わたしたちは子どもを見て、地上生において愚かさの変容として現われているものが、死と再受肉のあいだの生において、どこから映し出されたのかを理解しなければなりません。そして子どものときに、前世においてとくに憎んだ人に対する特別の愛を発展させるようにすることができます。そのような具体的に用いられる愛をとおして、悟性と心魂の状態すべてが明るくなるのが見られます。カルマについての一般的な理論が、教育の助けになるのではありません。人生を具体的に洞察して、カルマ的関連に注目することが、教育の助けになるのです。すでに、「おなじクラスになるということは、どうでもよいことではない」ということに、お気づきになられると思います。おなじクラスになったのは偶然であって、運命によるものではないというようなひどい無頓着を乗り越えると、子どもたちのあいだに前世から注目すべきカルマの糸が紡がれているのを、教育者は見通すことができます。そして、子どもの成長のなかに、均衡を取る作用をするものを取り入れることができます。カルマというのは、ある点で、堅固な必然性に基づくものだからです。堅固な必然性から、つぎのような関連を立てることができます。

愛→喜び→開かれた率直な心
憎しみ→苦悩→愚鈍

これは絶対的な関連です。しかし、河川を改修して流れを変えることができるように、カルマの流れを改修することができます。カルマの流れに働きかけることが可能なのです。愚鈍な子どもの心のなかにとくに愛を発展させ、繊細な人生観察によって、その子がどの子どもとカルマ的なつながりがあるかを発見し、その子どもを愛し、愛情のある行為をするようにさせると、愛が反感の均衡を取り、来世では愚鈍さが改良されるのがわかります。

本能の優れた教師がいて、本能的に、素質の悪い子どもに人を愛することができるようにさせ、理解力を高めていくことがあります。このようなことは、カルマ的関連の洞察を人生に役立つものにします。

カルマの詳細に立ち入るまえに、もうひとつの問いを立てねばなりません。「カルマ的関連において、すくなくとも一般的に、ある人に向かい合うと自分を知りうる。そのような人は、だれか」という問いです。今日では嘲笑的に使われている言葉を用いなければなりませんが、「そのような人は同時代人である。そのような人はわたしたちとおなじ時期に地上にいる」と、答えなくてはなりません。

このことを考えると、「ある地上生においてある人とともにいるなら、その人と前世においてもともにいたし、さらに前世においてもともにいたのだ。ずれが生じることはあるが、すくなくとも一般的にそうである」と、考えることができます。

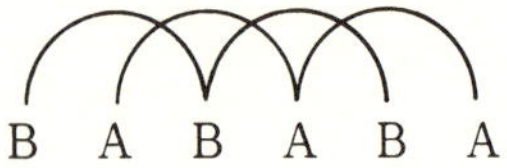

ここでお話ししている考えを敷延すると、Aラインの人々は、Bラインの人々とともに生きることはないということがわかります。心を重くさせるような考えですが、ほんとうなのです。

よく出される、「地上の人口は増加しているではないか」という疑問については、あとでお話しします。「人間の地上生の歩みは、一定のリズムに従っている」というのは、心を重くさせるような考えですが、ほんとうなのです。ある人間集団が一定の間隔で受肉を繰り返し、べつの人間集団も一定の間隔で受肉を繰り返しています。その二つの人間集団はたがいに離れており、地上でいっしょになることはありません。死と再受肉のあいだの生においてはともにあります。地上生では、いつも限られた人々のサークルとともに地上に下ります。繰り返される地上生にとって、同時代人は内的な意味、内的な重要性を持っています。

どうしてなのでしょうか。この悟性的に取り組める問いはわたしに、精神科学において考えうるかぎりもっとも大きな苦痛を与えます。この問いについて、事実を述べねばならないからです。わたし個人の例を出すことをお許しねがいたいのですが、「どうしてゲーテの同時代人ではなかったのか。ゲーテの同時代人ではないことによって、わたしは決してゲーテとともに地上に生きたことはないと推論しなくてはならない。ゲーテはわたしとはべつの人間集団に属しているのだ」と、思うことができます。

その背後にはなにがあるのでしょうか。問いを逆転しなければなりません。しかし、その問いを逆転するには、人間の共同生活に対する開かれた、自由な感覚を持たねばなりません。「ある人の同時代人であるというのは、どういうことなのか。そして、べつの人については歴史からのみ知りうるというのは、どういうことなのか」と、問わねばなりません。この問いについては、これから十分に取り組んでいくことにします。

「同時代人がわたしに語りかけ、わたしになにかをおこなうとき、心魂の付随現象はどのようなものか」という問いに答えるためには、自由な開かれた感覚を持っている必要があります。その心魂の付随現象を認識したあと、同時代人ではない人と出会った場合と比較できなければなりません。地上生において一度も同時代人になったことのない人を、同時代人よりもずっと尊敬できるものです。わたし個人のことをいって申し訳ありませんが、もしわたしがゲーテの同時代人だったらどうでしょうか。どうでもよいような人間でなければ、「一八二六、七年、ワイマールのシラー通りをフラウエンプランにむかって歩いていたら、どうだろう」と、問うことができます。もちろん、どうでもよい人間で、同時代人であるということに理解を持たない人なら、答えを見出すことはできません。

そのようなことには耐えられないのです。「同時代人」には耐えられます。同時代人でない人々には平気でいられないのです。同時代人でない人々といっしょにいれば、心魂を毒されるように感じます。彼らと同時代に生きるのではなく、彼らが後継者、先駆者であるので、耐えられるのです。このようなことに対して感受性がなければ、それは無意識にとどまります。霊的なことに関して精妙な感受性を持った人は、「ワイマールのシラー通りをフラウエンプランにむかって歩いていき、二重顎の太った枢密顧問官ゲーテに出会った」とすると、内的に我慢できないと感じます。このようなことに対する感受性を持たない人は、ゲーテに挨拶をするかもしれません。

なぜわたしたちがある人の同時代人でないのかということの理由は地上生にはなく、霊的関連を見なければなりません。地上生を見ると、しばしば、パラドックスのように見えます。

わたしはコッタ版世界文学文庫の『ジャン・パウル選集』の序文を、ほんとうに愛を込めて書きました。しかし、わたしがバイロイトでジャン・パウルと同席していたら、わたしは胃痙攣になったことでしょうが、そのことが、わたしがジャン・パウルを尊敬することの妨げとはなりません。どの人に対しても、そのようなことが生じるのですが、たいていの人の場合、それは意識下、すなわちアストラル体かエーテル体のなかにとどまり、肉体を襲うことはありません。肉体を襲う心魂体験は、意識にいたります。霊的世界についての認識を得ようとするなら、グロテスクでパラドックスに思われることに触れなくてはなりません。霊的世界は物質世界とは異なっているからです。

「もしわたしがジャン・パウルと同時代人であって、いっしょに食事をとったら、胃痙攣になっただろう」という主張は、容易に嘲笑されます。

それは、通常の、平凡な、俗っぽい地上世界にとっては、まったく当然のことです。しかし、平凡で俗っぽい世界の法則は、霊的な関連には通用しません。驚くべきことに慣れる必要があります。通常の意識をもってゲーテを読めば、「わたしはゲーテと個人的に知り合いたい。ゲーテと握手したい」と感じることでしょう。それは思慮がないのです。わたしたちは決まった時代に生きるように決められているのです。わたしたちの肉体は一定の気圧の下で生きることができるのであって、わたしたちに合わない気圧のところまで赴くことはできません。同様に、二十世紀に生きるように決められている人間は、ゲーテの時代に生きることはできないのです。

このことを、カルマに関して、最初にお話ししておきたいと思ったのです。

第五講　健康と病気

　カルマについて詳しく語るには、人間生活において外から人間に近づいてくるカルマ的な出来事と、内から人間のなかに上昇するカルマ的な出来事とを、まず区別する必要があります。

　人間の運命は、さまざまな要因から組み立てられています。人間の運命は物質的—エーテル的体質に依存しています。また人間の運命は、アストラル体と自我の性質をとおして人間が外界にもたらす共感、反感に依存しています。さらに人間の運命は、人生の歩みのなかに織り込まれるさまざまな葛藤に依存しています。それらすべてが、ある時期に、あるいは全生涯にわたって、人間の運命を形成します。

人間の運命全体を、個々の要因から組み立ててみましょう。そのために、きょうは、ある内的な要因を出発点としてみましょう。多くの点においてとくに決定的な要因、すなわち健康と病気という要因です。健康と病気の土台となるものが、肉体的な強さ、心魂的な強さとして作用し、課題を果たしていきます。

この要因を正しく判断しようとするなら、今日の文明の判断のなかに含まれているものの多くを度外視して、人間の本源的な本質を扱うことができなくてはなりません。人間がみずからの深い存在を霊的な世界から物質的な地球存在へと下らせたということが本来なにを意味するのかを、ほんとうに洞察しなければなりません。

今日すでに芸術、たとえば詩のなかに、遺伝の概念は入り込んでいます。だれかがなんらかの特性をもって世に登場したなら、人々は遺伝について考えます。だれかが病気の体質を持っているなら、「これは遺伝とどのように関係しているのだろうか」と、人々は問います。

それは、まったく正しい問いです。しかし今日、人々はこのようなことがらに関して、人間を無視しているのです。なにが人間のほんとうの本質であり、その本質がどのように展開するかを見ないのです。人間は両親の子であり、祖先の子孫である、と人々はいいます。そのとおりです。外的な人相、身振りに、祖先との類似性が現われているのが見られます。しかし、それだけではありません。人間の肉体組織がいかに祖先が与えたものの産物であるかを、人々は見ます。人間はその肉体組織を担っています。人間がこの肉体組織を担っていることが、今日強く指摘されています。

その際、つぎのようなことが見落とされています。人間は生まれたとき、肉体組織を両親から得ます。しかし、両親から得た肉体組織とはなんでしょう。そのことに関しては、現代人はまったく誤った考え方をしています。

乳歯が永久歯にはえかわるとき、乳歯が永久歯に交換されるだけではなく、人体組織全体が改新されるのです。

八歳、九歳の子どもと、三歳、四歳の子どもとのあいだには根本的な差異があります。三歳、四歳のときの身体は、両親から遺伝をとおして与えられたものです。八歳、九歳になってはじめて現われるものは、ほとんど人間が霊的世界からもたらしたものから生じます。

そこで基盤になるものを図式的に描こうとするなら、つぎのようにいわなくてはなりません。「人間は生まれるとき、自分の人間形態のモデルのようなものを与えられる。このモデルを人間は祖先から得る。祖先がその人間にモデルを与える。そして、このモデルによって、人間は自分がのちになるものを発展させる。しかし、人間が発展させるものは、人間が霊的世界からもたらすものの成果である」。

今日の教養を身につけた人間にとってどれほどショッキングであろうとも、つぎのようにいわなくてはなりません。「乳歯は遺伝によって生じたものである。乳歯というモデルにしたがって、霊的世界からたずさえてきた力によって、人間は永久歯を作っていく」。

歯についてそういえるように、人体全体についてそのようにいうことができます。そして、「なぜ、わたしたちはモデルを必要とするのか。わたしたちが地上に下るときに、古代の地球進化におけるように、わたしたちが霊的世界からもたらす力によってエーテル体を自分に引きつけることはいまなお可能なのに、なぜ、わたしたちは血統によらずに、物質素材を引き寄せて肉体を形成・構築はできないのか」という問いが生じます。

もちろん、これは今日の人間の思考にとっては、法外で愚かな、気違いじみた問いです。しかし、「気違いじみているということなら、相対性理論もそう思われていた。相対性理論を運動にのみ適用すると、ある物体に対して自分が動いているのか、あるいは物体が動いているのか、見た目には区別できない」と、いわなくてはなりません。それは、古代の宇宙理論からコペルニクスの宇宙理論への移行に、はっきりと現われています。しかし今日、相対性理論が動きに適用されるなら、気違いざたについても、二人の人間がいて、一人がもう一人に対して気が狂っているということができます。しかし、だれが絶対的に気が狂っているかが問題なのです。

しかしながら、「なぜ人間はモデルを必要とするのか」という霊的世界の事実についての問いが投げかけられねばなりません。

古代の世界観は、それなりの仕方で、その問いに対する答えを有していました。今日では、人々は道徳を世界秩序のなかに含めず、人間的しきたりとしてのみ通用させようとしているので、そのような問いは生じません。古代の世界観はそのような問いを立て、そのような問いに答えています。「人間は本来、自分のエーテル体を遍在する宇宙的エーテル実質から引き寄せるのとおなじく、肉体を地上の実質から形成するようになっていた。しかし、人間はルシファーとアーリマンの影響に陥り、自分の実体から肉体を構築する能力を失い、肉体を祖先から受け取るようになった」と、古代の世界観は述べています。

このような肉体形成にいたったことが、人間にとって、原罪の結果なのです。「地上の状況のなかに置かれねばならないこと」が原罪の本来の意味なのだ、と古代の世界観は述べたのです。

まず、そのような問いを真剣に受け取り、第二にその問いに対する答えを見出すための概念を、わたしたちは手に入れなければなりません。ルシファーとアーリマンの影響が存在するまえには、人間はこれほど強く地上における進化のなかにとどまってはいませんでした。人間は地上の状況のなかに入ると同時に自分の肉体をみずから形成するのではなく、モデルを必要とします。そのモデルが、生まれてから七歳までのあいだに成長するのです。人間がそのモデルにしたがうので、多かれ少なかれこのモデルからなにかが、後年にも人間に形成されるのは当然です。自分に働きかける人間が完全にこのモデルに依存するなら、自分が本来なにを霊的世界からもたらしたのかを忘れ、このモデルに完全に左右されます。前世をとおして得た強い内的な力を持っている者は、このモデルに左右されることが少ないものです。そのような人は、乳歯が永久歯にはえかわる時期から思春期までの第二人生期に、著しく変化します。

学校は、人間が霊的世界から物質的地上存在にもたらしたものを発展させる、という課題を持っています。それ以後、人間が人生に担っていくものは、多かれ少なかれ遺伝の特質を含んでいるのですが、遺伝の特質をどれほど克服できたか否かによって、それが含まれる度合は異なってきます。

さて、どのような事物も、霊的な側面を持っています。人間が最初の七年間に身体として有するものはモデルであり、人間はそのモデルにしたがいます。そのモデルによって人間に押し付けられるもののなかに、ある程度人間の精神力が埋没して、モデルにまったく依存したままにとどまるか、あるいは、生まれてから七歳まで、このモデルをとおして、このモデルを変化させようとするものに手を加えるかです。この働きかけが、外的に表現されます。たんに、こちらに本来のモデルがあり、あちらに働きかけがあるということではなく、乳歯が抜け落ちるように、本来のモデルが抜け落ちるのです。一方から形態と力がモデルを圧迫し、他方では、人間は自分が霊的世界からもたらしたものを刻印しようとします。このことによって、生まれてから七歳まで、戦いが生じます。霊的な視点から見ると、この戦いは小児病の外的な徴候として表現されます。小児病は、この内的な戦いの表現なのです。

もちろん後年にも、同様の形態の病気になることはあります。それはたとえば、生まれてから七歳までにモデルをよく克服することができなかった場合です。そうすると後年になって、自分のなかにカルマ的にとどまっているものを取り出したいという内的な衝動が現われます。そうすると、二十八歳、二十九歳になって、突然内的にモデルに違反したいという思いが目覚め、小児病になります。

必要なまなざしを持っていれば、多くの子どもにおいて人相、身振りが七歳、八歳以後本質的に変化するのが見られます。今日の文明の見解では、人間は遺伝に依存しているというのが、すでに決まり文句になっています。八歳、九歳の時点で、有機的に基礎づけられたものが現われます。

父親は、「これは、わたしから遺伝されたものではないな」と、いいます。母親は、「わたしから遺伝されたものじゃありませんよ」と、いいます。

今日では、子どもはすべてを両親から受け継ぐにちがいないという一般的な信仰を、両親が持っているのです。

子どもが七歳から十四歳までのあいだに、以前よりも両親に似てくるということはありえます。しかし、人間がいかに物質世界に下ってくるかを、真剣に考えねばなりません。

精神分析はほんとうにひどい退廃現象をもたらしました。たとえば、意識下において息子は母親を愛し、娘は父親を愛しており、葛藤が心の無意識領域にあるというようにいわれています。

それは、ディレッタントな人生解釈です。ほんとうは、人間は地上に下るまえから両親を愛しており、両親のことが気に入ったから地上に下るのです。ただ、人間が地上で有する人生についての判断を、人間が地上外で死と再受肉のあいだに有する判断から区別しなければなりません。

人智《アントロポゾフィー》学活動のはじめに、ある婦人が輪廻転生について聞いて、人智学は気に入っているけれども、輪廻転生にはついていけない、といいました。

善良な会員がいて、人間は輪廻するというのが正しい理念であることをその婦人に説明しようとして、苦労しました。しかし、話し合いは平行線をたどりました。その婦人は帰っていきました。そして二日後に彼女は、もう一度生まれるのはいやだ、という葉書をくれました。

このような場合、霊的認識から真理を語ろうとする者は、人々につぎのようにいうべきです。「たしかに、あなたは地上にいるあいだは、ふたたび地上に生まれたくないかもしれません。でも、それは決定的ではないんです。あなたは死の扉を通って霊的世界に入っていきます。あなたは、それを欲したのです。ふたたび地上に下りたいかどうかは、あなたがもはや身体を持たなくなった時点での、あなたの判断によるのです。身体を持たなくなると、あなたはいまとは異なる判断を形成するでしょう」。

人間が物質世界で有する判断と、死と再受肉のあいだに有する判断とは、まったく異なっています。観点によって、判断は異なってくるのです。

地上で、だれか若い人に、「君がおとうさんを選んだのだ」といえば、その青年は、「どうして、いつもぼくを殴るような父を、ぼくは選ばなきゃならなかったんですか」と、反論するでしょう。

地上に下るまえは、いまとは違う観点を持っていたので、その父親を選んだのです。地上に下るまえは、殴られることが自分にとって非常によいことだと思っていたのです。これは笑い話ではなく、まったくまじめな話です。このように、人間は両親を選ぶのです。両親に似ようとして、イメージを自分のまえに有するのです。遺伝によって両親に似るのではありません。自分が霊的世界からたずさえてきた内的な精神的―心魂的力をとおして、両親に似るのです。全般的に、精神科学と物質的科学から判断するとき、なにもかもひっくるめて、「七歳以降に、ますます両親に似てくる子どもを知っている」ということはできません。その場合、その子どもは両親の姿を受け入れるのを理想とすることに決めたのです。

人間は死と再受肉のあいだの時期全体にわたって、死者の心魂および高次世界の存在たちと結びついて、自分の身体を構築する可能性をもたらすために働きます。

地上の人間は、表面意識におけるよりも意識下におけるほうが、ずっと賢明です。広大な宇宙叡智から、七歳から十四歳までにモデルのなかで、自分固有の人間として自分が担うものを作り上げます。人間は身体実質に関して、自分の食べるものからはわずかしか受け取らず、空気や光などから非常に精妙に配分された状態で多くを受け取るということを知ると、人間は七歳から十四歳のあいだに第二の身体を、遺伝とはまったく独立して、周囲から構築することがわかります。第一の身体は、実際、モデルにしかすぎません。両親から実質的に由来するもの、外的な身体の力によるものは、第二人生期にはもはや存在しません。

両親への関係は、第二人生期において道徳的―心魂的なものになります。肉体的な遺伝は、七歳まで存在するのです。

地上には、目に見える宇宙に大きな興味を抱いている人々がいます。植物を観察し、動物を観察し、目に見える周囲の世界に興味を持っている人々がいます。彼らは星空の崇高さに興味を抱いています。物質的な宇宙に心を奪われています。物質的な宇宙に暖かい興味を持っている人の内面は、無気力な心魂をもって世界を通り過ぎる人の内面とは異なっています。

この点に関して、さまざまな性格が見られます。ある人は短期の旅行をして、旅した町の細部にわたるまで、大きな愛情を込めて語ります。強い興味を持っているので、町の様子を完全に思い浮かべることができるのです。その反対の例として、わたしはかつてウィーンからプレスブルクに旅をした二人の婦人に会いました。プレスブルクは美しい町です。彼女たちが旅から帰ってきたときに、わたしはプレスブルクがどのような様子だったかを尋ねました。浜辺に立派なダックスフントが二匹いたということ以外は、彼女たちはなにも語ることができませんでした。ダックスフントなら、ウィーンにもいます。プレスブルクまで旅行する必要などなかったのです。彼女たちは、ダックスフント以外のものは見なかったのです。

このように、多くの人々が世界を歩みます。いまあげた二つの極端な例のあいだに、目に見える世界に対して人間が抱くさまざまな程度の興味があります。

だれかが周囲の物質世界にわずかしか興味を持っていないとしてみましょう。その人はどこかでおいしいものを食べた、まずいものを食べたという興味はまだ持っていますが、それ以上の興味を持っていないとしてみましょう。その人の心魂は貧しいものにとどまります。その人は世界を自分の内に担っていません。世界の現象から発するものをわずかしか担わずに、死の扉を通って霊的世界に移っていきます。そのことをとおして、霊的世界における霊的存在たちとの共同は困難なものになります。そして、自分の身体の構築のために、強さやエネルギーではなく、弱さや無気力をもたらすことになります。モデルが強く、その人に働きかけます。モデルとの戦いはさまざまな小児病のなかに表現されますが、弱さはその人のなかにとどまったままです。その人は、さまざまな病気になりやすい、壊れやすい身体を形成します。このように、ある地上生のカルマ的な心魂的―精神的興味は、来世の健康状態に変化します。はちきれんばかりに健康な人は、前世において目に見える世界にいきいきとした興味を持っていたのです。

今日では、このようなことがらに関して語るのは、多かれ少なかれ危険を冒すことになります。しかし、カルマ的関連は、カルマについての詳細を受け入れるときにのみ理解されるのです。たとえば、前世で絵画にいかなる興味も持たなかった人間がいたとしてみましょう。今日でも、壁にひどい絵を掛けるか、よい絵を掛けるか、まったくどちらでもよい人がいます。前世にも、そのような人がいました。前世で絵画に喜びを感じなかった人で、いま感じのよい顔つきをしている人は一人もいません。感じが悪い顔をしている人は、前世で絵画作品のまえを鈍感に、どうでもよく、粘液質的に通り過ぎていたのです。

前世で一生のあいだ星を見上げることなく、どこに獅子座があり、どこに牡羊座、牡牛座があるのかということにまったく興味を持たなかった人がいます。そのような人はつぎの地上生において、しまりのない身体に生まれつきます。また、両親に由来するモデルがまだ強く作用するなら、みずから構築する身体がしまりがなく、無力なものになります。

このように、ある地上生における健康状態は、前世で周囲の可視的な世界に抱いた興味にさかのぼるのです。

たとえば現在、音楽に対してまったく興味を持たない人は、来世で喘息か肺病への傾向を持って生まれることが確かです。目に見える世界への興味をとおして地上生において形成される心魂が、来世において身体の健康あるいは病気のなかに表現されるのです。

「そんなことを知ると、来世への意欲が失われる」と、いう人がいるかもしれません。

しかし、そのような判断も、地上の観点からなされるものです。地上の観点からの判断が唯一のものではありません。死と再受肉のあいだの生は、地上での生よりも長いものです。周囲で目に見えるものに鈍感であれば、死と再受肉のあいだに、ある領域で活動することができません。無関心の結果を持って、死の扉を通っていくのです。その人物は、死後、ある存在たちには近づくことができません。その人物が近寄ってこないので、その存在たちはその人物から退いています。その人物と地上でともにいた人々の心魂は、その人物には無縁にとどまります。変化が生じなければ、その状態は永遠につづき、永遠の地獄の責苦があります。死と再受肉のあいだに、地上に下ろうと決意し、霊的世界で無能だったことを病気の身体のなかで感じることによってのみ、埋め合わせができ、療養ができるのです。この療養を、人間は死と再受肉のあいだに望んだのです。死と再受肉のあいだには、「なにかができないが、それを感じはしない」という状態にあるからです。その人物がふたたび死んで、ふたたび死と再受肉のあいだの時期を過ごすとき、かつての地上での苦痛は、自分がゆるがせにしたものに入っていこうとする衝動になります。ですから、人間は健康と病気を自分のカルマとともに、霊的世界から物質世界に持ってきたのだということができます。

満たされるカルマだけではなく、形成されるカルマもつねにあるということを考慮し、はじめて生起することがらもあるということを考慮すると、地上の病気の苦しみすべてが前世に関係しているということはできません。しかし、健康状態に関して内面から現われるものは、いま述べたような回り道をして、カルマ的に決定されているのです。地上生を越えて見ることができたとき、世界ははじめて解明されるのです。それ以前は、世界は明白なものではありません。地上生活からは、世界は説明されません。

身体組織から生じるカルマの内的制約から外的制約、外界へと進むときも、人間に関わる事実から出発することができます。たとえば、他者との関係における心魂的な健康と病気に関連することがらを取り上げることができます。

幼なじみがいるとします。二人のあいだには、深い愛着があります。その二人、あるいはそのうちの一人が、若いころを振り返って哀愁を感じます。しかし、若いころの友情は、しばしば取り戻すことができません。若いころの友情にどれほど多くの運命が関わっていたかを考えると、人間の運命は壊れた友情に深い影響を受けることがある、ということができます。

このようなことがらに関して理論的に語るのは、できるかぎり避けねばなりません。理論的な話には、特別の価値はありません。このような事柄については、直接的な観照か、そのような直接的な観照を持った人が語ったり、書いたりした、まともで理解できるものを基盤にしてのみ語るべきです。このような事柄を理論化することには意味がありません。壊れた友情の背後を霊的に観照すると、つぎのようなことが明らかになります。

若いころに友情があって、のちにそれが壊れた二人の前世へとさかのぼってみると、その二人が前世では高年に友情を結んでいたことがわかります。

二十歳になるまで友情があり、その後友情が壊れたとしてみましょう。霊認識をもって前世にさかのぼると、その二人は二十歳のころに友情を結び、その友情が高年までつづいたことがわかります。このような非常に興味深いことがらが、事物を精神科学的に調べると見出されます。

より正確に調べてみると、高年になって友情を結んだ相手が若いころはどのようだったかを知りたいという衝動が、来世で若いころに友情を結ばせるのです。前世では、その相手が年老いてから知り合いました。そのことが心魂のなかに、その相手が若いころに知り合いたいという衝動をもたらすのです。現世では、相手が若いころに知り合うことはもはやできないので、来世で若いころに知り合うのです。

そのようにして生まれた衝動が死を通して進み、死と再受肉のあいだに霊的世界で発揮されます。霊的世界のなかで、青年期をじっと見つめます。青年期を見つめたいという特別のあこがれを持ちます。その相手を高年にふたたび知りたいという衝動は形成されません。こうして、地上に下るまえの人生においてあらかじめ定められていたように、友情は壊れるのです。

このようなことが、人生には生じます。わたしがお話ししたのは事実です。「来世で若いころにふたたび知り合いたいという衝動をもたらす、前世における高年の友情とはどのようなものだったのか」という問いが生じます。

相手の若いころに知り合いたいという衝動があり、そのようにして見出された若いころの友情が高年まで持ちつづけられると、なにかが人生に生じます。わたしが知っている例ではつねに、もし友情が壊れずに高年までつづくと、おたがいにうんざりしていたことでしょう。彼らは前世における老年の友情を利己主義的に形成したからです。ある人生における利己主義的な友情が、来世におけるその友情の喪失というカルマ的な結果にいたるのです。このように、事態は込み入っています。しかし、「前世において、二十歳まで別々の人生を歩んできた二人が二十歳以後友情を結び、その友情が晩年までつづいた。つぎの人生においては、若いときに親友となり、のちに別々の人生を歩むようになる」ということが基準になります。このようなことが、頻繁に生じます。いったいどのようにして、個々の地上生は補完されるのでしょうか。

つぎのようなことが、とくに頻繁に見られます。もちろん、たいていの場合にそうなのであって、あらゆる場合に当てはまるわけではありません。ある人が中年期に、ある人物に出会います。その場合、たいてい前世で人生の始めと終わりに運命的に結びついていたのです。ある人生において、人生の始めと終わりにある人物とともに生きると、つぎの人生において、人生の始めと終わりではなく、人生の中期でその人物に出会うのです。

あるいは、つぎのようなことが明らかになります。子どものときに、ある人物と運命的に結びついていたとします。その場合、前世では、死のまえにその人物と結びついていたのです。このような関連が、非常に頻繁に見られます。

第六講　頭部組織・胸部組織・四肢組織と霊的存在たち

カルマについての考察を進めるためには、人間の進化のなかにカルマが介入する方法を把握する必要があります。人間の自由な行為と交わる運命が、どのように霊的世界から物質界に反映されて形成されるかを把握する必要があります。

きょうは、地上に生きる人間に関連することがらについて、いくつかお話しします。地上に生きる人間の構成要素については、この連続講義のなかですでに考察しました。物質体、エーテル体、アストラル体、自我組織を区分しました。物質界にいる人間にわたしたちのまなざしを向けるとき、わたしたちは人間の構成要素を別様に洞察することもできます。

きょうは、いままでお話ししてきたことから独立して、人間の構成要素のひとつを詳しく調べ、きょうお話しすることと、わたしたちがすでに知っていることとを結びつける試みをしてみようと思います。

地上の人間の物質的形姿を考察すると、この物質的形姿は、たがいにはっきり区別される三つの部分を有しています。今日科学として通用しているものは事物と事実の表面しか見ず、内的に澄んだまなざしをもって事物と事実を考察すれば開示されるものに対する感覚を持たないので通常はこのような人間の区分をおこなわないのです。

まず、人間には頭があります。頭は外的に考察するだけでも、ほかの人体部分とはまったく異なっています。人間の発生に、まなざしを向ければよいのです。母体のなかで胎児として形成される最初のものには、頭部組織だけが見えます。

人体全体は頭から発します。その他の、のちに人間形姿へと流れ込むものは、胎児の付属器官です。人間は最初、物質的形態としては頭なのです。その他は、付属器官です。のちに付属器官を受け取る呼吸、栄養などは、最初の胎児期においては、呼吸プロセス、循環プロセスなどとしては胎児の内面からではなく、のちにはなくなって存在しなくなる器官をとおして、外から、母体から面倒を見られます。

最初に人間であるものは、まったく頭なのです。その他は、付属器官です。「人間は最初、頭である。その他は、本来付属器官である」といっても誇張ではありません。最初は付属器官であったものが、のちには成長して、重要なものになっていきます。後年には、頭はほかの器官と厳密に区別されないようになります。

しかし、そうすることによって、人間の表面的な特質の描写しかなされなくなります。実際は、人間は物質的形姿としても三分節化された存在なのです。そして、人間の最初の形姿である頭は、一生を通して、多かれ少なかれ個体的な部分にとどまります。それに気づかないだけで、実際はそうなのです。

「そのように人間を区分すべきではない。首をはねて、頭を胴から切り離すようなことはすべきではない」と、おっしゃることでしょう。

それは、人智学は人間を頭部と胸部と手足に分けるといって非難する大学教授の信仰にすぎません。それはほんとうではありません。外的に頭部形態であるもののなかに、頭部形態の主要な表現があるというのがほんとうです。人間は一生を通じて、まったく頭でありつづけます。重要な感覚器官である目、耳、臭覚器官、味覚器官は、すべて頭部にあります。しかし、たとえば熱感覚、圧力感覚、触覚は人体全体に広がっています。空間的に三つの部分を区別するべきではないのです。頭部は、主として外的に形成された頭に現われてはいるものの、本来人間全体に浸透しているのです。頭は一生を通じて、触覚あるいは熱感覚を有する足の親指のなかにも存在します。

このように、感覚的なものとしてわたしたちのまえにある人間存在の一部分の性格を述べました。この組織の性格をより内的に述べるために、わたしは神経―感覚組織とも名づけています。神経―感覚組織が、人間存在の一部分です。

人間存在の第二の部分は、律動活動のなかに生きるものです。神経―感覚組織が律動活動のなかに生きているとはいえません。たとえば、目で知覚するとき、あるものを知覚し、ついでべつのもの、そして第三のもの、第四のものを知覚し、ふたたび最初のものに戻るといった具合です。感覚知覚のなかにはリズムがありません。それに対して、胸部組織には呼吸リズム、循環リズム、消化リズムなどが見出されます。すべて、リズムです。

律動器官のリズムが、人間形姿のなかに形成される第二のものです。リズムも人間全体に広がっていますが、その外的な現われは主に胸部器官に見られます。人間全体が心臓であり、肺であるのです。しかし、心臓と肺は、心臓と肺という器官のなかに局限されています。人間全体が呼吸するのです。人間は身体のあらゆる場所で呼吸します。皮膚呼吸ということがいわれます。呼吸は主として、肺の活動に集中しているのです。

第三は、人間の四肢組織です。四肢組織は胸部組織に達しています。胎児の段階では、付属器官として現われます。四肢組織は、もっともあとに形成されます。四肢組織は、新陳代謝と関連する器官です。この器官が活動し、この器官が人間に働きかけることをとおして、新陳代謝は最大の刺激を受けます。このように、わたしたちは人間形姿に現われる三つの部分の性格を述べることができました。

この三つの部分は、人間の心魂のいとなみに内密に関連しています。人間の心魂のいとなみは、思考、感情、意志に分かれます。思考の物質的機構は、とくに頭部組織のなかにあります。しかし、先にお話ししたように、頭が人間全体にあるように、思考も人間全体のなかに物質的機構を有しています。

感情は、律動組織に関連しています。神経組織が感情に関係があるというのは、今日の科学の偏見、迷信です。神経組織は、感情とは直接的な関係がありません。感情の器官は、呼吸リズム、循環リズムであり、神経はわたしたちが表象し、わたしたちが感じるもののみを仲介します。感情の機構は律動組織のなかにありますが、神経がわたしたちの感情についで表象を獲得しないと、わたしたちは自分の感情についてなにも知ることがないでしょう。神経がわたしたちに、わたしたちの感情についての表象をもたらすので、今日の主知主義は、神経も感情の器官であろうという迷信を形成しているのです。

律動組織から生じる感情をわたしたちの意識のなかに見て、それをわたしたちの頭部組織、神経—感覚組織に結びついた思考と比較すると、わたしたちが目覚めているときに有する昼の思考と夢とのあいだにあるような区別が、わたしたちの思考と感情のあいだに知覚されます。感情は、夢以上の強度を意識のなかに有してはいません。感情は、ただべつの形態を持っているのです。感情は、べつの方法で現われるだけなのです。夢でイメージを見るなら、みなさまの意識はイメージのなかに生きています。そのイメージは、ほかの形で感情が意味するのとおなじものを、イメージの形で意味しているのです。ですから、「もっとも明るい意識を、わたしたちは表象のなか、思考のなかに有する。一種の夢の意識を、わたしたちは感情に関して有する。わたしたちは感情について、夢以上に明るい意識を持つのではない」と、いうことができます。もしわたしたちが目覚めて、思い出し、夢について目覚めた表象を形成すると、わたしたちは夢を捕まえることができません。夢は、わたしたちが夢について表象するものよりも、ずっと豊かなものです。同様に感情世界も、わたしたちが感情世界について表象するものよりも、はるかに豊かなものです。

意志は、すっかり眠りのなかに沈んでいます。意志は四肢―新陳代謝組織、運動組織に結びついています。わたしたちは、意志活動の出発点になる思考のみを意識しています。「この時計をつかもう」という表象を、わたしは形成します。みなさまは、「この時計をつかもう」という表象を形成して、時計をつかみます。なにが、みなさまの表象から筋肉のなかに進み、時計をつかむという行為へといたるのでしょうか。意図と実現のあいだにあるもの、みなさまの身体のなかで生起するものは、無意識にとどまります。深い眠り、夢のない眠りのなかの人生が無意識にとどまるのと同様です。

感情に関して、わたしたちは夢を見ている状態にあります。意志衝動に関して、わたしたちは眠っています。「眠りは、わたしにとってなんにもならない」と、いうことはできます。

ここで、わたしは物質的観点から語っているのではありません。眠りはなんにもならないというのは、もちろん愚かなことです。心魂的にも、眠りは大きな役割を果たしています。眠ることがなければ、みなさまは自我意識にいたることはないでしょう。

つぎのようなことを思い浮かべてみてください。ある体験を思い出すとき、みなさまはいまよりも過去にさかのぼると思います。

しかし、そうではないのです。最後に目覚めた瞬間にまでしか、さかのぼらないのです。みなさまは眠りました。眠りのあいだに存在するものは除外されます。そして、そのまえの目覚めから眠りに入るまでは、ふたたび記憶があります。そのように、さかのぼっていきます。そのようにさかのぼっていくときに、繰り返し無意識の状態が入り込みます。過去へとさかのぼっていくと、人生の三分の一は、無意識が入り込んでいます。わたしたちは、そのことに注意しません。しかし、それはまさに、白い板があり、中央に黒い穴があるようなものです。そこにはなにも力はありませんが、黒い穴があるのです。回想するとき、黒いもの、みなさまが眠っていた夜が見られるのです。そこに、みなさまの意識はいつもぶつかります。そのことによって、みなさまは自分を「わたし」ということができるようになるのです。

もし、なににもぶつからずに遡行しつづけていくと、みなさまは自我意識にいたることはありません。ですから、「眠りは役に立つ」と、いうことができます。通常の人生において眠りが役に立つように、わたしたちの意志のなかに支配する眠りも役に立つのです。

意志活動において人間のなかに生起するものに、人は気づきません。しかし、そのなかに真の自我があるのです。黒をとおして自我意識を得るように、意志行為のあいだわたしたちのなかで眠っているもののなかに、前世を貫いてきた自我が存在するのです。

そこにカルマが支配しています。意志のなかに、カルマが支配しているのです。意志のなかに、前世から、あらゆる衝動が支配しています。ただ、その衝動は、起きている人間においても眠りのなかに沈んでいるのです。

地上で出会う人間を表象すると、頭部組織、律動組織、運動組織という三つの部分が現われます。これは図示的な区分であって、どの部分も人間全体に属しています。頭部組織には表象、律動組織には感情、運動組織には意志が結びついています。表象が存在する状態は、目覚めた状態です。感情が存在する状態は夢です。意志、意志衝動が存在する状態は、起きているあいだも眠りの状態にあります。

頭部、あるいは表象に、二つの部分を区別しなければなりません。もう一度、詳しく頭部を区分しなければなりません。この区分によって、わたしたちが世界と関わることによって有する瞬間的な表象と、わたしたちが有する思い出とが区別されます。

みなさまは世界を歩みます。世界から受け取る印象によって、みなさまは絶えず表象を形成します。その印象をあとでふたたび記憶から取り出す可能性が、みなさまにはあります。内的には、世界との交流において現在形成する表象と、思い出すことによって引き起こされる表象とは区別されません。一方は、表象が外から到来し、他方は、表象が内から到来します。記憶について、「ある事物、ある出来事に向かい合い、わたしは表象を形成する。その表象はわたしのなかの、箱のようなもののなかに下る。思い出すとき、その表象をその箱から取り出すのだ」と考えるのは、まったく単純です。表象は識閾下に下り、思い出すときにふたたび取り出されると述べている哲学書があります。それは、単純な考えです。

わたしたちが思い出すとき、表象の入っている箱があるのではありません。思い出すとき、わたしたちは頭のなかを散策、散歩するのではありません。そのような解明は誤っています。事実は、つぎのようなものです。

みなさまは記憶に働きかけようとするとき、たんに表象によって働きかけるのではなく、まったくべつの助けによって思い出します。ほとんど表象せず、口調によって覚える人たちを、わたしは見てきました。身振りをつけて、何度も繰り返し、「シュッと沸き立ち、波立ち、猛り狂う」という文句を覚えるのです。そのようにして、多くの人が覚えます。その際、なるべく考えないようにします。さらに、「シュッと沸き立ち、波立ち、猛り狂う」というとき、拳で額を打つことによって記憶を助けたりすることもあります。世界と交流するときに形成される表象は、夢のごとく飛び去るのです。それに対して、記憶から現われるものは、沈みゆく表象ではなく、まったくべつのものです。このことをお話しするために、つぎのような図を用いねばなりません。もちろん、これは象徴的な図です。見る存在としての人間を、思い浮かべてみてください。この人物はなにかを見ます。それは目をとおして、視神経をとおして、器官のなかに移行します。

わたしたちの脳には、はっきり区別される二つの部分があります。灰色がかった外側の

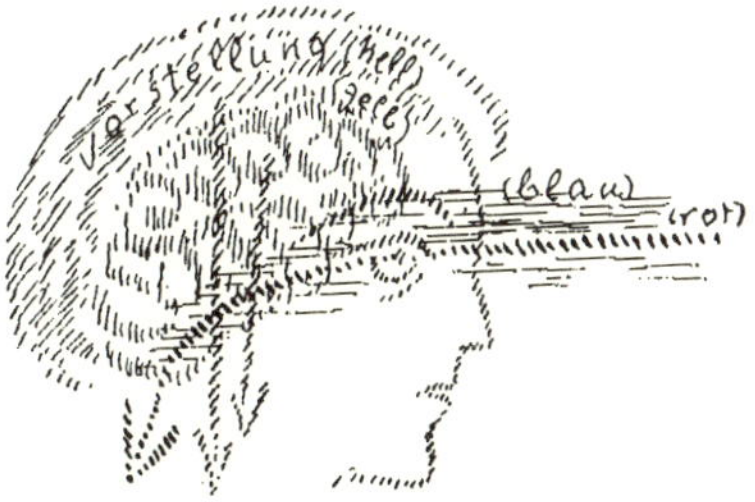

vorstellung ——表象
hell ——明るい
gelb ——黄色
blau ——青
rot ——赤

脳と、その下のより白味がかった脳です。白い脳は感覚器官のなかに進み、灰色の脳は内にとどまります。灰色の脳は、白い脳よりもわずかしか発達していません。おおまかにいって、「対象がわたしたちに印象を与え、それが目をとおして脳の白い物質のなかの経過へと進む」のです。

それに対して、わたしたちの表象の器官は灰色の物質のなかにあります。灰色の物質は、まったく異なった細胞形成をしています。そのなかで表象が輝き、夢のように消え去ります。下方で印象が生じるので、表象は輝くのです。

表象が沈み、記憶のなかからふたたびその表象を取り出すべきだとしたら、みなさまはなにも思い出すことがないでしょう。みなさまは、なにも記憶を持たないことでしょう。事実は、つぎのようなものです。「この瞬間、わたしはなにかを見る。その対象からの印象が、白い脳に仲介されて、わたしのなかに入る。灰色の脳は、印象、および印象から発生するイメージについて夢見ることによって活動する。その印象は過ぎ去る。とどまるものを、わたしたちはその瞬間にはまったく表象しない。とどまるものは、わたしたちの身体のなかに沈む。わたしたちは思い出すとき、内を見る。下方に、印象がとどまっているのである」。

青色を見ると、青色から印象がみなさまのなかに入ります。上部で、みなさまは青の表象を形成します。その表象は消え去ります。三日後、みなさまは脳のなかにとどまっている印象を観察します。内を見ることによって、青色を表象します。最初に青色を外から見たとき、みなさまは青色という対象をとおして外から刺激を受けました。青色はみなさまのなかで模写されたので、思い出すとき、みなさまは内側から刺激を受けます。どちらの場合も、経過は同様です。どちらも知覚なのです。思い出すことも、知覚なのです。わたしたちの昼の意識は表象のなかにあります。しかし表象の下に、表象をとおして、すなわち記憶表象をとおして現われる過程が存在します。この表象の下に知覚があり、知覚の下に感情があります。このように、わたしたちは頭部組織、思考組織に、表象と知覚を区別することができます。知覚したものを、わたしたちは思い出すことができるのです。しかし、それは無意識にとどまります。それは、思い出すときにのみ意識に上ります。自分のなかで生じているものを、人間はもはや体験しません。知覚するとき、人間は表象を体験するのです。知覚の作用が、人間のなかに入っていきます。この作用から、人間は記憶を目覚めさせることができます。しかし、そこではすでに無意識が始まります

目覚めた昼の意識において表象するときにのみ、わたしたちは本来人間であります。わ

たしたちは記憶の原因に到達することは、けっしてありません。意識をもって到達できないとき、わたしたちは目覚めた人間ではなく、世界に組み込まれているのです。みなさまは息を吸います。いまみなさまのなかにある空気は、すこしまえには外にあった、世界の空気です。すこしあとには、みなさまはその空気をふたたび世界に引き渡します。みなさまは世界とひとつです。空気は外にあり、内にあり、また外にあり、内にあります。みなさまが自分の皮膚のなかにあるもののみを持つのではなく、大気圏全体につながるものを自分のなかに有するというふうに世界と結びつかないなら、みなさまは人間ではありません。みなさまが物質へとつながっているように、記憶から現われる領域、意識下へと下る瞬間、みなさまは精神に関して、第三ヒエラルキアの霊的存在たち、すなわちアンゲロイ、アルヒアンゲロイ、アルヒャイに結びつきます。みなさまは、呼吸をとおして空気と関連しているように、頭部組織、すなわち唯一地上に属する、外的な脳葉に包まれた下部頭部組織をとおして、その下に存在する第三ヒエラルキア、すわなちアンゲロイ、アルヒアンゲロイ、アルヒャイに結びつくのです。

ついで、心魂的にいえば感情の領域、身体的にいえば感情の夢が到来する律動組織の領域に進むと、わたしたちは目覚めた人間ではありません。そこでは、わたしたちは、なんらかの地球体に受肉せずに霊的世界にとどまっている第二ヒエラルキアの存在たちと関連します。第二ヒエラルキアの存在たちから力として発せられる流れ、衝動は、絶えず人間の律動組織のなかに流れ込んでいます。エクスシアイ、デュナミス、キュリオテテスを、わたしたちは胸部に担っているのです。

わたしたちが人間自我を脳の外葉のなかにのみ担っているのとおなじように、わたしたちはアンゲロイ、アルヒアンゲロイなどをその下の頭部組織のなかに担っています。頭部組織が、それらの存在たちの地上における活動の場なのです。そこが、彼らの活動の作用点なのです。

わたしたちは胸部に、エクスシアイなどの第二ヒエラルキアの存在たちを担っています。胸部のなかに、彼らの活動の作用点があるのです。ついで、わたしたちの運動領域、運動組織のなかに進むと、そのなかでは第一ヒエラルキアの存在たち、すなわちセラフィム、ケルビム、トローネが活動しています。

わたしたちの手足のなかでは、わたしたちが食べた食物が変化した状態で循環しています。そこでは、生命的な燃焼過程が生じています。わたしたちが歩むと、わたしたちのなかに生命的な燃焼過程が生じます。わたしたちの外にあるものが、わたしたちの内にあります。わたしたちは外にあるものと結びついています。わたしたちは物質的人間として、四肢—新陳代謝組織をとおして、もっとも低いものと結びついていると同時に、第一ヒエラルキア、すなわちセラフィム、ケルビム、トローネと結びついているのです。

第三ヒエラルキア—頭部組織—表象（知覚）—目覚め
第二ヒエラルキア—律動組織—感情—夢
第一ヒエラルキア—運動組織—意志—眠り

ここで大きな問いが生じます。地上の言葉で語ると平凡な問いに聞こえますが、「この三つのヒエラルキアの存在たちは、わたしたちの下にいることによって、なにに従事しているのか」という問いです。

アンゲロイ、アルヒアンゲロイなどの第三ヒエラルキアは、頭部に物質的組織を有する思考に関わります。彼らがわたしたちの頭のなかで経過する思考に関わりを持たなかったなら、わたしたちは通常の地上生において記憶を持つことがなかったでしょう。これらの存在は、わたしたちが知覚とともに受け取る衝動をわたしたちの内に保持します。彼らは、わたしたちの記憶のなかで開示する活動の基盤となる存在です。彼らは、わたしたちが意識下の領域、無意識領域として有する最初の領域のなかで、地上に生きるわたしたちを導きます。

エクスシアイなどの第二ヒエラルキアの存在たちへと進みましょう。わたしたちは死の扉をとおって、死と再受肉のあいだの生において、これらの存在たちに出会います。そこで、わたしたちは地上でともに過ごした人々の心魂と出会うとともに、第二ヒエラルキアの霊的存在たちと出会います。彼らとともに、わたしたちは死と再受肉のあいだの時期に、わたしたちが地上生において感じたもの、わたしたちが身体のなかにもたらしたもののすべてに働きかけます。わたしたちは第二ヒエラルキアの存在たちと結びついて、つぎの地上生を作り上げるのです。

わたしたちは地上に立っていると、神的世界の霊的存在たちはわたしたちの上にいると感じます。死と再受肉のあいだの領域にいると、わたしたちは反対の表象を持ちます。わたしたちが死ぬと、わたしたちを地上で導くアンゲロイ、アルヒアンゲロイなどは、いわばわたしたちとおなじレベルで、わたしたちとともに生きます。その下に、第二ヒエラルキアの存在たちがいます。彼らとともに、わたしたちはわたしたちの内的なカルマの形成に働きかけます。昨日、健康と病気のカルマについて述べたことを、わたしたちは第二ヒエラルキアの存在たちとともに作り出すのです。

死と再受肉のあいだの時期をもっと深く見ると、下方に第一ヒエラルキアの存在たち、すなわちセラフィム、ケルビム、トローネをわたしたちは見出します。地上に生きる人間は最高神を上方に探求します。死と再受肉のあいだにある人間は、最高の神性をはるか下方に探求します。死と再受肉のあいだに、わたしたちは第二ヒエラルキアの存在たちとともに内的カルマを作り、その模像が来世の健康状態として現われます。わたしたちが来世の身体に働きかけているあいだ、第一ヒエラルキアの存在たちは独自の方法で下方で活動しています。それを、人間は見ます。彼らの活動には、必然的な部分があります。彼らは地上の創造主なので、人間が地上生において作り上げたものを、一定の方法で模写する必要があるのです。

人間が地上において、第一ヒエラルキアに属するものである意志のなかで、ある一定の行為を果たしたと考えてみてください。その行為はよいものであることも悪いものであることもありますし、賢明なものであることも愚かなものであることもあります。第一ヒエラルキアの存在たち、セラフィム、ケルビム、トローネはみずからの領域において、その対になるものを形成しなければなりません。

わたしたちは、ともに生きています。わたしたちは良いこともするし、悪いこともします。その良いものすべて、悪いものすべての対になるものを、第一ヒエラルキアの存在たちは形成しなければなりません。すべてが第一ヒエラルキアによって判定されるとともに、形成されます。人間は死と再受肉のあいだに、第二ヒエラルキアおよび死去した人間の心魂とともに、内的なカルマに働きかけます。このとき人間は、セラフィム、ケルビム、トローネがわたしたちの地上での行為に体験したものを見ます。

大地の上を、雲や日光を含んだ青空が丸く覆っています。夜は、星空がわたしたちの上方を覆います。死と再受肉のあいだ、わたしたちの下方を、セラフィム、ケルビム、トローネの行為が覆います。わたしたちは、地上で雲や青空や星空を見上げるように、セラフィム、ケルビム、トローネを下方に見ます。わたしたちは下方に、セラフィム、ケルビム、トローネの活動によって形成される天を見るのです。彼らの活動はどのようなものなのでしょうか。わたしたちが一人もしくは他の人々と過ごした地上での行為の均衡を取る、セラフィム、ケルビム、トローネの公平な活動を、わたしたちは死と再受肉のあいだに見ます。神々は均衡を取る活動をおこなわなくてはなりません。その活動を、わたしたちはわたしたちの下にある天として見るのです。わたしたちはわたしたちの地上における行為が良いものであったか悪いものであったか、賢明なものであったか愚かなものであったかを、神々の行為のなかに見ます。地上においてわたしたちの上を丸く覆う空に向かい合うように、下方を見ることによって、わたしたちは死と再受肉のあいだに、わたしたちの行為の鏡像に向かい合います。わたしたちは内的なカルマを、内的な組織のなかにもたらします。わたしたちは内的なカルマを、能力、才能、愚かさとして地上にもたらします。下方で神々が形成するもの、わたしたちの地上生によって神々が体験しなければならないものが来世に、わたしたちに近づく運命の事実として現われます。わたしたちが本来意識しなかったものが、わたしたちを地上生においてわたしたちの運命のなかに運んでいきます。しかし、そのなかには、第一ヒエラルキアの神々がわたしたちの行為の結果として、わたしたちの死と再受肉のあいだの時期に体験しなければならなかったものが生きています。

そのような事柄をイメージのかたちで語る必要があります。わたしたちは物質界に立っています。空が上方を覆っています。わたしたちは空を見上げます。地上に雨が落ちてきます。わたしたちの上に浮かぶものを、わたしたちは雨に濡れた野原、雨に濡れた木々に見ます。秘儀参入者のまなざしをもって、人間が地上に下るまえの死と再受肉のあいだの時期を振り返ると、前の地上生における神々の行為の形態、わたしたちの行為の結果がそのなかに見られます。それがどのように霊的に流れ込み、わたしたちの運命となるかが見られます。

地上生においてわたしは、わたしに意味を持つ運命的な人に出会います。わたしがその人と前世において有したことの結果として、この出会いによって生じることを、神々は前以て示します。地上生において自分にとって重要な地域に転勤したり、重要な意味を持つ職業に就くかどうかというような、外的な運命として自分にやってくるものは、わたしが死と再受肉のあいだにあった時期に、第一ヒエラルキアの神々がわたしの前世の結果として体験したものの模像です。

抽象的に考えると、「前世があり、前世の行為が作用を及ぼす。当時、原因があり、いま、作用がある」ということになります。そのようにしては、多くを考えることができません。そのように語るのは、たんに言葉を語っている以上のものではありません。カルマの法則として叙述されるものの背後には、神々の行為、神々の体験があるのです。そして、すべての背後に、またべつのものがあります。

もし人間が感受のみによって運命に近づくと、わたしたちは神々か、あるいはなんらかの摂理を見上げ、わたしたちの地上生の経過がその摂理に依存しているのを感じます。しかし、第一ヒエラルキアの神々、セラフィム、ケルビム、トローネは、逆の宗教的信条を持っています。彼らは地上の人間を必要と感じます。彼らは、地上の人間の創造者です。人間の錯誤や要求は、神々によって均衡を取られねばなりません。そして、神々がわたしたちの運命としてのちの人生においてわたしたちのために支度するものの範を、彼らはまずわたしたちに示したのです。

このようなことが、人智学をとおして再発見されねばなりません。かつて、十分には進化していない意識から、このことは人類の本能的な霊視力のなかに開示しました。古代の叡智は、そのようなことを内に有しています。ただ、おぼろげな感情しか残っていません。人類の精神のいとなみのなかでわたしたちに現われる多くのもののなかに、このことについてのおぼろげな感情が存在します。偏狭な宗教意識には高慢と思われる、アンゲルス・シレジウスの詩句を思い出すだけで十分です。

わたしなしには、神は一瞬たりとも存在しえないことを、わたしは知っている。
わたしなしには、神は苦難のうちに息を引き取らざるをえない。

アンゲルス・シレジウスはカトリックに改宗し、カトリック信者として、このような詩句を書いたのです。相互依存、すなわち世界が神々に依存しているように、神々は世界に依存しており、神々の生は人間の生に左右されるということが、彼にはまだ明らかでした。神の生命は創造的に作用し、人間の運命のなかにその結果が現われます。正確に知っていたのではなく、おぼろげに感じつつ、アンゲルス・シレジウスはこう書いたのです。

わたしなしには、神は一瞬たりとも存在しえないことを、わたしは知っている。
わたしなしには、神は苦難のうちに息を引き取らざるをえない。

世界と神性はたがいに依存しており、入り交じって作用しています。
きょうは、この入り交じった作用を、人間の運命、カルマを例として見てみました。この考察を、カルマ考察のなかに付け加えなくてはならなかったのです。

第二部　個人の運命のカルマ的決定

　これまで、カルマ的な力の形成について述べてきました。きょうは、人生における個々の運命を見ることによって、カルマについての考察のなかに、個々人の運命のカルマ的規定を注視するための基盤を据えようと思います。

　もちろん、そのような運命はひとつの例として取り上げられるにすぎません。しかし、具体的な人間の運命に結びつけてカルマに注目すると、そもそもカルマがどのように人間に作用するかを洞察することができます。

　地上にいる人間の数だけ、カルマもさまざまに作用します。カルマ形成は、まったく個体的なものです。個々のことがらについては、例をあげることによってのみ語ることができます。

きょうは、わたしが探究し、明らかになったカルマ的な経過をお話ししようと思います。個々のカルマ的関連について語るのは冒険的な企てです。カルマについて語られるときには、「これは、このようなことに原因している」とか、「そのような運命の打撃を受けるに値する原因があるのだ」というふうに、通常いわれます。そのように単純ではないのです。カルマについて語られるときには、非常に陳腐に語られています。

きょうは、個々のカルマについて語るという思い切った企てをおこなおうと思います。個人を例にあげてカルマについて語るには、それだけの探究が必要でした。つぎのような例です。

まず最初に、有名な美学者であり哲学者であったフリードリッヒ・テオドール・フィッシャー（一八〇七―一八八七年）を取り上げたいと思います。カルマについて語るための基盤として選びうる特徴を、彼の人生から取り上げようと思います。

フリードリッヒ・テオドール・フィッシャーはドイツで、ドイツ観念論哲学、ヘーゲル主義が盛んだったころに育ちました。フリードリッヒ・テオドール・フィッシャーはみんなの頭にヘーゲル的思考方法が詰まっていたときに学生生活を送り、ヘーゲル的思考方法を受け入れました。彼はヘーゲル的な高度の思考を受け入れました。思考は世界の神的本質であるというヘーゲルの主張を、彼はよく理解しました。わたしたち人間は思考し、思考のなかに生きることによって、神的実質のなかに生きている、というのです。

ヘーゲルは、思考のなかの生命にすべての地球進化が依拠しているということを確信していました。すべてが、それに結びつくのです。思想家が宇宙について熟考することによって、宇宙は作られたというのです。

たしかに、このような思想のなかには多くの真実があります。しかし、ヘーゲルにおいてはすべてが非常に抽象的な性格を持っていました。

フリードリッヒ・テオドール・フィッシャーはヘーゲル哲学に没入しました。彼は民族の特徴をはっきりと身につけた人物でした。彼はドイツ南西部シュヴァーベンの特徴すべて、頑固さ、独善性、独立感覚を持っていました。彼はシュヴァーベン特有の無愛想さも有していました。彼はこのようなシュヴァーベンの特徴を持っていると同時に、個人的な特徴も有していました。外面を見れば、彼は美しい青い目をし、やや、もじゃもじゃしたものであったとはいえ、彼は美学的に熱中して、赤茶色のあごひげを蓄えていました。彼は著作のなかで、ひげのない男は無教養だと書いているので、彼は美学的熱狂によってあごひげを蓄えていたはずです。彼は、「ひげのない猿顔」と書いています。彼は、控え目な人間ではありませんでした。彼はシュヴァーベン特有の無愛想な頑固さを持っていました。

背の高さは普通でした。太ってはおらず、むしろ痩せていました。しかし、通りを歩くとき、いつも肘で道を開けさせるような腕の格好で歩きました。精神的にも、彼はそのような行為をしたのです。彼の歩き方は、精神の姿勢が外面に現われたものだったのです。

彼には非常に強い人格的な独立衝動があり、いいたいことを抑制することがありませんでした。あるとき、彼はシュトゥットガルトの州政府で「友人」に中傷されたあと、シュトゥットガルト政府からひどく叱責されました。彼にロベルトという、のちにやはり美学者になる息子が生まれた日のことでした。彼は大学の講堂で、「きょう、わたしは大きな小言（ヴィッシャー）と小さなフィッシャーを得ました」と、語りました。

はっきりと語るのが彼の流儀でした。「列車内での無礼な足について」という魅力ある彼の論文に、それがよくあらわれています。車室のなかに座っている乗客が、向かい側の座席に足を乗せているのを、彼は何度も観察しました。そのようなことに、彼は我慢できませんでした。こうして、列車における足の無礼についての論文ができたのです。彼が『流行と冷笑』のなかで、舞踏会などの娯楽における無作法について書いたことについては、きょうはお話ししないでおこうと思います。彼には、強い個性がありました。あるとき、わたしの友人が彼を訪問したことがあります。わたしの友人は行儀よくドアをノックしました。シュヴァーベンでは通例なのかどうかわたしは知らないのですが、彼は「どうぞ、入りなさい」とはいわず、「グライ」といいました。グライヒ（すぐに）あるいはゾーグライヒ（ただちに）用意できるというのです。

フリードリッヒ・テオドール・フィッシャーは比較的若いときに、ヘーゲル哲学的な美学を書くことを、自分の課題としました。彼が書いた『美学』は実際、すばらしい作品です。この作品は、ヘーゲルの作品のように、厳密に項目分けと定義がなされています。もし、わたしがこの作品の一説を朗読すれば、みなさまはあくびをなさることでしょう。ポピュラーなヘーゲル主義ではなく、たとえば次のような定義がなされているのです。「美は、理念の感覚的形態における現象である。崇高さは、感覚的形態における理念の現象であり、理念が感覚的形態に勝っている。宇宙は、感覚的形態における理念の現象であり、理念が感覚的形態に勝っている」。これはまだ比較的興味深い部分ですが、この調子でまだまだつづくのです。この「定義」に対して、いわゆる細字で印刷された部分があります。たいていの読者は、フリードリッヒ・テオドール・フィッシャーの『美学』を、太字で印刷された部分を飛ばして、細字で印刷された部分だけを読みます。実際、細字で印刷された部分には、さまざまな分野に触れる、才気あふれる美学が存在するのです。そこには杓子定規なところもヘーゲル精神もなく、シュヴァーベン人フィッシャーの機知にとんだ誠実さ、および美と壮大と崇高に対する繊細な感受性があるのです。そこには、自然現象が比類ない方法で、模範的な率直なスタイルで描かれています。実際、彼は長年にわたる堅固な首尾一貫性をもって、この作品を書き終えたのでした。

この作品が世に現われたときは、まだヘーゲル主義が盛んであり、この作品は高く評価されました。もちろん批判もありましたが、真価を認めるほうがずっと多かったのです。時が経つと、才気あふれる方法で、この作品を徹底的に批判する敵対者が現われました。この作品を徹底的に、模範的に批判したのは、フリードリッヒ・テオドール・フィッシャー自身だったのです。

その自己批判の書『批判的論考』には魅惑的なものがあります。『批判的論考』や、のちの美しい論文集『古いものと新しいもの』のなかには、美学者、哲学者、通俗作家としてのフリードリッヒ・テオドール・フィッシャーの多くが存在しています。

彼は学生のころ、叙情詩的―風刺詩的なものを書いていました。わたしはフリードリッヒ・テオドール・フィッシャーをたいへん尊敬していますが、彼が学生のころに書いたものは学生らしいものではなく、非常に俗物的なものだといわねばなりません。彼が七十代になってシャルテンマイヤーという偽名で書いた詩集『ドイツ戦争―英雄詩』に、ふたたび彼の俗物性が現われます。

彼の俗物性はゲーテの『ファウスト』に関しても見られます。ゲーテの『ファウスト』第一部に、彼はいくつかのものを付け加えました。彼は、「『ファウスト』第二部は不器用に組み立てられた、にかわで貼り合わされたような、老人のぞんざいな仕事だ。『ファウスト』第二部は、まったくべつのものでなければならなかったのだ」という考えを持っていました。

彼はゲーテの『ファウスト』第二部を皮肉った『ファウスト第三部』を書いただけではありません。ゲーテの『ファウスト』はどのようなものであるべきだったかについて、案を書きました。それは俗物的なものです。偉大な自然科学者デュ・ボワ＝レイモンが『果てしないゲーテ』で、つぎのように述べたのとおなじくらい、俗物的なものでした。「『ファウスト』は本来、失敗作である。さまざまな霊や大地の霊を呼び出したりするような馬鹿話はやめて、電気機械や空気ポンプを発明させ、グレートヒェンを不名誉な目に遭わせずに、ファウストがグレートヒェンと結婚するようにすべきであった」。

フリードリッヒ・テオドール・フィッシャーが『ファウスト』に関して書いていることは、これと同様の俗物的なものです。

ヴュルテンベルク州ではそうではないかもしれませんが、わたしの故郷オーストリアでは、「彼がゲーテの『ファウスト』に関しておこなったことは、『グリム童話「七人のシュヴァーベン人の愚行」』のような無分別な行為』だ」と、いいます。「シュヴァーベン人」というような言葉は、使用される場所で異なった意味を持つものです。

この人物で重要なのは、この個々の特徴なのです。彼の人生のおおよその特徴がわかります。もちろん、個々の事実を語ることはできるでしょうが、わたしにはそのつもりはありません。このような人物として、わたしは彼をみなさまに示しました。そして、この基盤の上に、彼についてカルマ的考察をおこなっていきたいと思います。きょうは、まず材料だけをみなさまに与えたかったのです。

このように個々の例をあげることは冒険ですが、カルマ的に考察したい第二の人物は、作曲家フランツ・シューベルト（一七九七―一八六五年）です。

ここでも、カルマの叙述に必要となる特徴を取り出そうと思います。フランツ・シューベルトは生涯の長い期間にわたって貧困でした。シューベルトが死んだあと、ウィーンには彼の「よい知り合い」、「友人」が数多く出現しました。多くの人々が彼と親しく付き合い、彼の面倒を見たといい出すようになったのです。しかし、彼の生存中はそうではなかったのです。

しかし、彼にはほんとうの友人が一人ありました。この友人はフォン・シュパウン男爵といい、非常に高貴な人物でした。彼は若いころから、思いやりのある方法でシューベルトを世話しました。彼らは同級生でした。そのころから彼はシューベルトの面倒を見、それがつづいたのです。カルマ的関連において、シュパウンが自分には不案内な職業に就いていたことが、特別重要に思えます。シュパウンは教養人で、あらゆる芸術を愛していました。彼はシューベルトのほかに、画家モーリッツ・フォン・シュヴィントとも親交を結んでいました。彼はほんとうに繊細な方法で、あらゆる芸術に大きな印象を与えた人物です。シュパウンは、まったく素質がないにもかかわらず、生涯税務署に勤めました。オーストリアでは、このようなことがよくあるのです。詩人グリルパルツァーも財務官吏でした。シュパウンは財務官吏で、金銭を管理していました。彼は、宝くじの管理もするようになりました。彼はオーストリアにおける宝くじを管理しなければならなかったのです。それは彼にとって、非常にいやなことでした。宝くじの管理をするというのは、実際どういうことなのでしょうか。宝くじを管理する人は、無数の人間の欲望と希望、打ち砕かれた希望、失望を管理するのです。宝くじを管理する人は、人々の思い込み、人々の夢を管理するのです。宝くじを管理する人の事務室を見ただけでは、このことに気がつきませんが、宝くじを管理する人というのは、人々の欲望、希望、夢を管理しているというのが事実なのです。世界を現実的に考察する者は、そのように考慮しなければなりません。

自分が管理する思い込み、失望、憧れ、希望になんの関わりもない男が、シューベルトの親友でした。彼はシューベルトを物質的、精神的に支えました。書こうと思えばなんでも書けるもので、しばしば驚かされることがあるのですが、あるシューベルトの伝記には、シューベルトの外見について、シューベルトがほとんど黒人のように見えた、と書かれています。そんなことはありません。彼は感じのよい顔をしていました。しかし、彼は貧乏でした。彼がたいていシュパウンとともにとった夕食の勘定は、思いやりのある方法で、シュパウンによって支払われていました。シューベルトはピアノを借りる金も持っていませんでした。フォン・シュパウン男爵も書いていますが、シューベルトの外的な態度はほとんど粘液質的でした。しかし、注目すべき方法で、内的な火山が彼の本質から噴火することがありました。

シューベルトが美しいモチーフを、たいてい朝起きてすぐに書いたのは興味深いことです。眠りから覚めると、座って、美しいモチーフを書きました。フォン・シュパウン男爵はしばしば、その様子を見ました。ウィーンではよく見られたように、シューベルトとシュパウンの二人は夜のワインを愛し、夜が更けていったのです。遠くに住んでいたシューベルトは家に帰らず、シュパウン家の質素なベッドで眠ったのです。シューベルトが起きると机に向かい、美しいモチーフを書くのを、シュパウンはしばしば目にしたのです。

シューベルトのおだやかな顔つきからは、彼の魂の地下にある火山のような性質を見抜くことはできません。しかし、火山のごとき彼の特別な人格を、カルマ考察の基盤にしなければなりません。あるとき、シューベルトはオペラに行きました。彼はグルックの「イフィゲーニエ」を見て、心を奪われました。その感動をシューベルトはシュパウンに語りつづけました。しかし、その熱狂は節度あるものでした。彼は繊細に感情的になったのであって、激しく感情的になったのではありません。このような特徴が、わたしたちのカルマ考察にとって必要なものです。シューベルトはグルックの「イフィゲーニエ」を知ったときから、それを最高の音楽作品と評価しました。歌手ミルダーの演技はうっとりするものでした。シューベルトは歌手フォーグルに会って、足元にひれ伏したいと思いました。それほど、彼は感激したのです。オペラが終わり、シューベルトとシュパウンはウィーンの市民酒場に行きました。もう一人、だれかがいっしょにいたと思いますが、いま名前が浮かびません。彼らは静かに座っていましたが、ときおりその夜のオペラの感激を語り合いました。

隣の席に有名な大学教授が座っていました。彼はシューベルトたちが熱狂的に語るのを聞いて、顔が怒りに赤くなってきました。ますます赤くなって、彼はぶつぶついいはじめました。しばらくぶつぶついっていたあと恐ろしく騒ぎ出し、毒づきはじめました。「『イフィゲーニエ』はくだらん。あんなのは音楽じゃない。ミルダーは歌手なんてもんじゃない。彼女はパッセージもトリルも無茶苦茶。フォーグルは象みたいに歩くじゃないか」。シューベルトは我慢できず、激しい殴り合いになりました。普段は物静かなシューベルトは火山のように爆発し、ほかの人々は彼を落ち着かせるのに精一杯でした。

彼の人生にとって、財務官吏、宝くじ管理者が友人であり、その友人とカルマ的に出会ったことが重要です。シューベルトが貧しく、行き詰まっていたことがカルマ的に重要です。彼は貧しかったので、社交範囲は制限されていました。いつも隣の席に人がいる機会を持たなかったので、激しい性格はいつも爆発することはできませんでした。

しかし、本来生じたことを正しく思い浮かべ、シューベルトの系図の特徴を正しく思い浮かべると、「もし状況が異なっており、シューベルトが音楽的才能を育てる機会がなく、献身的なシュパウンという友人がいなかったなら、そのような乱暴をしただろうか」という問いが生じます。もちろん、状況が異なっていたということはありえませんし、このような否定的な問いは無意味なものですが、このような問いがしばしば事態を解明します。「その夜、市民酒場で表に現われた火山のごとき性格は、素質として彼のなかにあったのではないか」と、問うことができます。そして、「どのように乱暴さが人生に現われずに、繊細な音楽家となったのか。乱暴さはどのように、繊細な音楽的ファンタジーに変化したのか」という問いに答えられないうちは、彼の人生を見通すことはできません。

これは逆説的でグロテスクな問いに聞こえるでしょうが、人生を大きな観点から考察するときに投げかけねばならない問いなのです。このようなことがらの考察から、本来の深いカルマの問いが生じるからです。

第三に考察したい人物は、オイゲン・デューリング（一八三三―一九二一年）です。彼は多くの人から嫌われ、少数の人から愛されています。この性格についても、わたしはカルマ的に取り組みました。しかし、まず彼の伝記的な素材を見ていきましょう。

オイゲン・デューリングは非常に才能ある人物でした。彼は青年時代に数学のみならず、経済学、哲学、力学、物理学など、あらゆる学問を学びました。

オイゲン・デューリングは時空の無限という概念を論理的に分析した興味深い博士論文を書き、長いあいだ絶版になっている『自然弁証法―科学と哲学の論理基盤』のなかで、そのテーマについて印象的に、明瞭に述べています。そこで述べられていることは、相対性理論のように難しいものです。相対性理論を理解していない多くの人々が相対性理論について語り、相対性理論をすばらしいと信じています。デューリングが処女作で述べていることは難解なことですが、彼の考えについて少しお話ししておきたいと思います。

通常、人間はつぎのように表象します。「空間は無限であり、物質に満たされている。物質は微小な部分を有している。その数は無限である。物質の無数の微小部分が宇宙空間を丸く結晶させている。無限の時間がある。宇宙には始まりというものはない。宇宙には終わりがあるということもできない」。

若いデューリングは、無限という概念に取り組みました。デューリングは、そのような無限という概念についての話は意味のないものであり、宇宙にある原子や分子の数も数えうるものだ、と鋭く語っています。宇宙空間をどんなに大きなものと表象しても、それは測定可能な大きさであり、宇宙は時間測定可能である、と明敏に語っています。

そこでは、心理学的なものが基盤になっています。ついで、デューリングは負の大きさ、マイナスの符号を付けて示される大きさについて考察しています。一方にはゼロを基準にして、一、二、三という数列があり、他方にはマイナス一、マイナス二、マイナス三という数列があります。

「負数についての論議は無意味だ」と、デューリングは見ていました。負数とは、いったいなんでしょう。「五ひく一は四である。五ひく二は三である。五ひく三は二である。五ひく四は一である。五ひく五は〇である。負数を信じている者は、『五ひく六はマイナス一。五ひく七はマイナス二』と、いう。それは、漠然とした思考方法である。『マイナス一』とはなにか。『五から六をひくと、一つ足りない』ということである。『マイナス二』とはなにか。『五から七をひくと、二つ足りない』ということである。『マイナス三』とはなにか。『五から八をひくと、三つ足りない』ということである。負数というのは正数に異ならない。負数というのは、引算をすると足りない数という意味である」と彼は述べ、さまざまな方法で数学の概念を拡大しています。

わたしが若かったころ、デューリングの考えから非常に強い印象を受けました。デューリングはほんとうに合理的に、明確に語っていたからです。

そのような合理的な明晰さをもって、彼は経済学や哲学史にも取り組みました。そうして、彼はベルリン大学の講師になりました。彼の講義はベルリン大学でもっとも人気があり、彼は経済学、哲学、数学について語りました。

さて、ゲッティンゲンの科学アカデミーが、力学の歴史について書かれた最良の本に賞を与えることになりました。

その賞の選考にあたっては、送られてきた作品の著者の名は伏せられ、表に表題が書かれているのです。選考委員は、著者がだれかを知らないわけです。

ゲッティンゲン科学アカデミーはオイゲン・デューリングの著作に賞を与えました。そして、非常な賛辞を著者に贈りました。こうしてオイゲン・デューリングは、受講生たちに立派な講師と見なされただけではなく、学会から認められたのです。

いまお話ししたように、デューリングはさまざまな才能を持っていたのですが、毒舌家でした。彼は世のあらゆることに関して、意地の悪い粗探しをしました。この点に関して、彼はしだいに控え目でなくなっていきました。ゲッティンゲン科学アカデミーから賞をもらったときも、彼は挑発されました。彼には二つのことが結びついていました。強い正義心と、非常な罵詈雑言癖です。彼は、ひどく罵りました。

悪口を浴びせていたとき、彼は盲目になるという不幸な目に遭いました。彼は盲目の講師としてベルリン大学で講義しました。彼は完全に失明しました。しかし、失明は彼の活動を妨げることはありませんでした。完全に失明したにもかかわらず、彼は著述をつづけ、身の回りのこともある程度は自分でできました。彼は、十九世紀の学問世界の真に悲劇的な運命、ユリウス・ロベルト・マイヤーの悲劇を知りました。ユリウス・ロベルト・マイヤーは力学熱等量の本来の発見者ですが、健全であったにもかかわらず精神病院に入れられて拘束され、家族や同僚や友人たちからひどい扱いを受けました。デューリングは『ロベルト・マイヤー――十九世紀のガリレイ』という本を書きました。ユリウス・ロベルト・マイヤーは、ほんとうに一種のガリレイの運命を体験したのです。

デューリングは膨大な知識と深い正義心をもって書いたと同時に、殻竿で殴るような書き方もしました。いつも、言葉がほとばしり出ました。たとえば、ハイルブロンにあるユリウス・ロベルト・マイヤーの記念碑の除幕式について聞いたとき、「ハイルブロンの広場に立っているお人形さんは、十九世紀のガリレイに対してなされた最後の辱めである。大きな男が脚を組んで座っている。もし彼が式辞を述べる人や記念碑を建立した『よき友人たち』を見ることができたら、どのような気持ちがするかを推し量るなら、脚を組んだ姿ではなく、びっくりして頭上で手を打ち合わせる姿にするべきだった」と、書いています。

彼は新聞で多くのひどい出来事を読んだので、熱狂的なユダヤ人排斥主義者になりました。そこでも、彼は徹底していました。たとえば、彼は『レッシングの過大評価とユダヤ人弁護』という本を書いて、レッシングにとてつもない悪口を浴びせかけました。

ドイツ文学について、類書とはまったく異なったものを読みたいと思われるなら、デューリングの『近代文学の大作家たち』をお薦めします。その本のなかでは、デューリングの厳密に数学的な思考方法、鋭い悟性が文学に適用されています。彼はほかの人たちとは別様に考え、ドイツの精神生活上の偉人たちを改名する必要がありました。たとえば、「コーテとシレラー」について書いた章があります。ゲーテとシラーのことです。デューリングは、その本の最初から最後まで、コーテ、シレラーで押し通しています。彼の思いつきや造語は、しばしばグロテスクなものです。主知主義的（インテレクチュアリスティッシュ）な人のことを、彼はいつもインテレクチュアリエといっていました。インテレクチュアリエというのは、カナリエ（与太者）に通じます。そのような造語を、彼はいつもおこなっていました。その多くのものは、非常におもしろいものです。

わたしは、つぎのような経験をしたことがあります。わたしはニーチェの未発表原稿の整理をしていて、永劫回帰に関する文章を手にしていました。ニーチェの自筆原稿は読みやすいものではありません。わたしは永劫回帰について書かれたものを手にして、「ニーチェの永劫回帰説の由来となったものがある」と、思いました。わたしは当時、エリザベート・フェルスター＝ニーチェと知り合いでした。わたしたちはその原稿を持って、ニーチェ書庫から図書館に行き、デューリングの『現実哲学』を調べました。そこに、わたしたちは永劫回帰の思想を発見したのです。

ニーチェは非常に多くの理念を、「反対理念」として作り出しました。それは、すぐに調べることができました。ニーチェ文庫にあった『現実哲学』を取り出して、ページを繰ってみました。「世界の物質的事実の現実的で事実に即した認識からいえば、かつて存在した事物や星位が再来するのは不可能である」と、書かれています。

デューリングは、同一物の再来は不可能であるということを証明しようとしたのです。そのページの余白にニーチェは「まぬけ」と書き込んでいました。ニーチェは、本の余白を利用して、反対理念を形成していたのです。

そのような書き込みがあったのです。天才的な方法でニーチェの理念に変化していったものを、デューリングの著作のなかに多く見出すことができます。わたしはニーチェに反対するつもりはないのですが、事実はそうなのです。

デューリングのカルマにおいて目につくのは、彼が本来数学的にのみ思考することができたという点です。彼は哲学においても、国民経済学においても数学的に思考しました。数学においても数学的に思考しました。数学的に鋭く、明瞭に思考したのです。自然科学においても鋭く、明瞭に思考したのですが、数学的に思考したのです。彼は唯物論者ではありませんでしたが、機械的な思想家でした。彼は世界について、機械的図式の下に思考しました。そのような思考における誠実さを、彼は一貫して追及しました。悪口を度外視して、事実を受け入れるなら、彼のように思考する者はゲーテとシラーについて別様に書くことはできません。

それが彼の思考の特別の傾向でした。彼は若くして視力を失い、個人的にも不当に扱われました。彼はベルリン大学を免職されたのです。もちろん、その理由はあります。たとえば、彼の『力学一般原則の批判的歴史』第二版では、彼はもはや自制することができませんでした。初版はおとなしく力学の大家を扱っており、「学会から奨励金をもらえるように書いたのだ」と、いう人もいました。第二版が出たとき、彼はすでに賞をもらっていたので、もはや自制しませんでした。彼は補足したのです。デューリングはしばしば、「ゲッティンゲン科学アカデミーは、ライオンの爪に賞を与えた。それがライオンの爪だとは気づかなかったのだ」といっていたということです。第二版が出たときに、獰猛なライオンは姿を現わしたのです。

そこには注目すべきものが見られます。十九世紀におけるユリウス・ロベルト・マイヤーのガリレイのごとき運命に彼は憤慨しました。彼は、ユリウス・ロベルト・マイヤーを剽窃していると思ったヘルマン・ヘルムホルツのことを、おもしろくもない大学の痩せっぽちと呼んでいました。のちには、彼は『個人主義・解放主義』という新聞を発行しました。そこには、個人的な色調がたいへん色濃く見られます。そこには、ヘルムホルツについての論評があります。彼は「大学の痩せっぽち」について語っているだけではありません。ヘルムホルツの死体を解剖したら、頭には水しか入っていないだろう、と述べています。「しかし、ヘルムホルツの頭が空っぽだというのは、すぐにわかる。死んでから解剖して確かめるまでもない」と、書いています。

デューリングは繊細な人間ではありませんでした。彼はおしゃべり女のようにわめきちらした、ということはできません。彼の悪口は俗物的なものでもなく、天才的なものでもありませんでした。罵るというのではなく、名誉を傷つけるという性質のものでした。失明、まったく機械的な思考方法、迫害が彼の運命の関連です。彼は大学から放逐されるなど、無数の不正を体験しました。この運命の関連はカルマ的に考察すると興味深いものです。

フリードリッヒ・テオドール・フィッシャー、作曲家シューベルト、オイゲン・デューリングという三人の人物を紹介しました。きょうは素材を提供し、あすカルマ的な考察をおこない、どのようなカルマ的関連があるかをさかのぼっていく予定です。

第二講　フィッシャー・シューベルト・デューリング（解明の試み）

昨日、伝記上の特徴的なデータを紹介した個々人に結びつけて、個々のカルマ的関連を取り扱うのは冒険的なことだ、と申し上げました。昨日紹介した三人は、輪廻転生をとおした人生の歩みのなかで人類進化全体がいかに展開するかがよくわかる人物たちなので、最初に選んだのです。あとで、もっと代表的でない人物をカルマ的に考察していきます。今日の文明においては、歴史は継続する事象の流れのごとくに語られ、二十世紀の出来事は十九世紀の出来事に関係し、十九世紀の出来事は十八世紀の出来事に関係する、と叙述されています。しかし、人間自身がある時代からべつの時代へとものごとを担っていくこと、すなわち現代生きている人間が今日存在するものを過去から持ってきたことによって、歴史の真実の内的関連が与えられるのです。

たんなる原因と作用があるだけなら、ほんとうの関連があるのではありません。人間の魂が太古の時代から近代へとやってくることによって、人類進化のなかに現実的な関連が入ってくるのです。昨日紹介した人物たちを考察すると、そのような現実的な関連の意味がわかってきます。昨日紹介した人物たちは、代表的な人物たちだからです。

昨日は、まずシュヴァーベン人フィッシャー、美学者フリードリッヒ・テオドール・フィッシャーを取り上げてお話ししました。わたしはよく探究した結果、彼らを例として選びました。いままでお話ししてきたり、書いたりしてきた霊的な手段によって獲得される観照によって探究しました。ですから、このようなことがらについてお話しするには、物語るという方法しかありません。直接的な観照から明らかになることのみをお伝えできるのです。ある地上生から過去生に目を向けると、合理的な概念はすべて停止します。観照の可能性のみがあるのです。地上での人生を、その前の死と再受肉のあいだの体験に関連させるときには、合理的な概念の名残りがまだあります。地上生を、それに先行するもの、つまり地上に下るまえの精神的―心魂的なものに関連させるときには、ある程度の合理性があります。前世へとさかのぼるには、物語るという形式のみが可能です。そこでは観照のみが通用するからです。シュヴァーベン人フィッシャーのような人物を見て、その人物のなかに地上生から地上生へと進む永遠のものが生きていることを理解できる人は、正しくさかのぼっていくと、その人物が過去生のなかに現われ出るのを見ることができます。もちろん、探究の途上で最初にさかのぼっていくところは、地上に生まれるまえの体験です。しかし、地上に生まれるまえの体験は第二のことにして、まず第一に、現在の地上生の背後にどのような前世が現われるかに注目したいと思います。

このようなことがらを探究するには、あらゆる先入観を排除しなければなりません。ある人物の現世あるいは前世について合理的に語りうると想像し、現在がこうなのだから前世はこうであったにちがいないという意見を持つ人がいます。そのように判断する人は、すでに誤っています。ある人生から前世について合理的に判断するのは、あたかも初めてある家を訪れて、北の窓から外の木々を見て、南の窓のところに行って、とらわれのない目で木々に向かい合う必要があるのです。ある人物の前世として現われるイマジネーションを把握するには、推論するようなものです。南の窓からは木々がどのように見えるかを合理的な主知主義を完全に排除しなければなりません。

シュヴァーベン人フィッシャーの場合、フィッシャーとしての地上生をカルマ的に準備した決定的な受肉にさかのぼる必要があります。その受肉とフィッシャーとしての受肉のあいだには、比較的短命な地上生がありますが、その地上生は重要ではありません。考察すべき受肉は、八世紀のものです。その当時、アフリカからシチリア島にやってきて、北方からシチリア島に下ってきた人々と戦ったムーア人、アラビア人の一人がフィッシャーでした。

重要なのは、フィッシャーが決定的な意味を持つ前世において、アラビアの教養を細部にわたるまで身につけていたということです。アラビアの教養というのは、芸術も非芸術的なものも含み、アラビア精神がヨーロッパに押し寄せたエネルギーも含むものです。

十九世紀にフリードリッヒ・テオドール・フィッシャーとして生きた人物は、八世紀にはアラビア民族、アラビア文化に属する人々と密接につながっていました。彼らはヨーロッパと接触し、シチリア島を手に入れようとして、ヨーロッパ人と激しい戦いをしていました。この戦いに、フィッシャーは参加したのです。彼は、当時の意味において、天才的な人物でした。

八世紀に、彼はそのように生きました。彼は死の扉を通過します。死と再受肉のあいだの生において、地上でともにいた人々との内密な共同体がありました。すでにお話ししたように、彼は彼らと親交を結ぼうとしたのでした。地上のことがらを表現するために作られた言語によって超感覚的なことがらを述べるのは困難なことなのですが、彼と関係があった人々は、死の扉を通過したあと、十九世紀にいたるまで、精神的なつながり、精神的な連帯を保ちました。

一週間前におこなったカルマ講義から、地上で生じることは前以て最高次のヒエラルキアの存在たち、すなわちケルビム、セラフィム、トローネによって体験されるということが推測できると思います。死と再受肉のあいだを生きる者は、わたしたちが空を見上げるように、霊的―魂的な空を下に見ます。セラフィム、ケルビム、トローネは、わたしたちがふたたび地上に下ったときにわたしたちの運命となるもの、わたしたちが運命的に実現していくものを経験します。

霊的世界で生じる関連のなかで、フィッシャーが加わった仲間は、何百年にもわたって人類の進化をキリスト教の影響を受けないように守ってきました。わたしがお話ししているることは非常に奇妙なことに聞こえるかもしれません。世界は、人間が管理、整頓できるように簡単なものだと思われていますが、そうではないのです。一方には、ゴルゴタの秘儀とともに最強の衝動が地球進化全体に流れ込み、他方では、ゴルゴタの秘儀以前にあったものが即座に崩壊するのではなく、流れつづける必要があるのです。反キリスト教的とはいいませんが、非キリスト教的なものが、キリスト教にかかわることなく何百年も流れつづける必要があったのです。

まだキリスト教化されていない時代をキリスト紀元後の時代に継続させ、ヨーロッパにもたらすという課題が、七世紀、八世紀にアラビア主義のなかに生まれた多数の人々に与えられたのです。アラビア主義はキリスト教的ではなく、かといって、古代の異教のように時代から取り残されておらず、時代とともに前進してきました。アラビアの精神風土のなかに生まれた多数の魂が、いまや霊的世界のなかで地上の状況に触れることなく、人間精神がキリスト教とは無縁に知ったり感じたりできるものを前進させました。彼らは、地球進化ののちの時代になって、はじめてキリスト教に出会ったのです。多数の仲間が霊的世界のなかでキリスト教の進化から離れて生きつづけ、彼らの多くが十九世紀までに地上に再受肉する光景は非常に意味深く、衝撃的に壮大なものです。彼らは、さまざまな素質を持った個人たちでした。

シュヴァーベン人フィッシャー、フリードリッヒ・テオドール・フィッシャーは、その仲間たちから十九世紀に地上に下った最初の魂たちの一人です。彼はキリスト教を多く体験する環境で育てられました。彼は生まれるまえに人類の霊的導師の下で、多かれ少なかれキリスト教の近くにいたものの、本来の内的なキリスト教の世界観や人生衝動ではない衝動を得たのです。

このようなことがらについて、地上のことがらについて語るように語るのは、もちろん愚かなことです。しかし、わたしは思い切ってやってみようと思います。フィッシャーが七世紀、八世紀に生きたのは、霊的世界でスピノザなどの非キリスト教文化の担い手たちとともに生きるための特別よい準備でした。おなじころに死んで霊的世界にいたった、カバラ文化の担い手たちとともに生きるためのよい準備でした。

そのようにして準備された魂たちが、十九世紀に地上に下りました。やや遅れて地上に下った残りの魂たちは、十九世紀後半の自然科学的な見解の担い手となりました。十九世紀後半に自然科学的な思考が見事に発展しましたが、十九世紀の自然科学の思考と感情の流れの担い手たちのほとんど全員が、前世においてアラビア人でした。フリードリッヒ・テオドール・フィッシャーも、そのひとりです。フリードリッヒ・テオドール・フィッシャーは、心魂的——精神的早産のごとく、やや早く地上に下ったのです。

そのようになったのは、彼が地上に下るまえに、ヘーゲルと関係していた魂たちに対して持っていた関係をとおして、彼のカルマに定められたことでした。それらの魂と、フリードリッヒ・テオドール・フィッシャーは霊的世界において関係を持っていたのです。そのことは、彼の特別の個人的傾向をとおして、彼に影響を与えました。彼は、自分のヘーゲル主義によって、多かれ少なかれ物質的—機械的世界観のなかに入り込むことから守られました。もし彼がもう少し遅く生まれていたなら、ほかの仲間と同様に、まったく通常の唯物論的な方向の美学を構築していたことでしょう。彼は、生まれるまえの生活と、早く生まれたことによって、そのようなことから守られたのです。しかし、彼はそうしたあり方を保持することができませんでした。彼が自分の美学に対する批判を書いたのは、彼のカルマに完全には相応しておらず、彼のカルマの転換が生じたからです。地上に生まれるまえにともにいた、アラビア主義に属していた、たんに自然思考的な仲間たちとともに十九世紀後半に生まれて、彼らと同様の思考方向を有することが、彼のカルマに完全に相応していたことだったのです。

ここで変わったことが生じます。そのカルマの屈曲の均衡をフリードリッヒ・テオドール・フィッシャーはのちの地上生で取ることになるでしょうが、そのカルマの屈曲によって、彼はまずヘーゲル派哲学者になりました。彼は自分のカルマの直線的な方向から引き離されました。それは、生まれるまえの状態によって予定されていたことなのですが、地上のカルマによって予定されていたことではありませんでした。一定の年齢に達したとき、彼はもはやそのことに耐えることができませんでした。彼は自分のカルマのなかに入ったのです。彼は自分の『美学』を否定し、自然科学者のように美学を構築することに非常な魅力を感じました。彼は自分の『美学』を徹底的に再検討しました。彼は原則から出発して、感覚的なものに考察を進めていました。それを、彼は徹底的に批判しました。彼はいまや、下から上に、つまり事実から出発してしだいに原理に上昇する美学を構築しようとします。彼が最初に構築した美学を破壊するのは、非常な戦いでした。彼のカルマは最初屈折し、ついで彼本来のカルマに投げ返されて、生まれるまえの仲間たちに合流したのです。

非常に意味深いのは、フリードリッヒ・テオドール・フィッシャーが美学の再構築を成し遂げられなかったことです。混沌としたものが彼の精神生活のなかに入ってきたのが見られます。ゲーテの『ファウスト』に対する彼独特の俗物的な振舞いは、すでにお話ししました。彼の自信は揺らぎ、古い仲間たちのもとに帰ろうとします。無意識というのは高次の観照にとっては一個の意識なのですが、いかに無意識が強力にカルマのなかに作用するかを考慮しなければなりません。いかに自然科学的な俗物がゲーテの『ファウスト』を憎むかを明らかにしなければなりません。きのう、デュ・ボワ＝レイモンについてお話ししたことを、思い出してください。「ゲーテがもっと賢明だったら、ファウストに霊たちや地霊を呼び出させたり、メフィストといっしょになって、娘たちを誘惑だけけして結婚しないでおくというようなことは避けただろう」と、いうのです。それらすべては、デュ・ボワ＝レイモンにとってはくだらないことであり、ゲーテは電気機械や空気ポンプを発明する英雄を描くべきだったというのです。

ファウストを立派なマクデブルク市長にならせることもできたでしょう。悪い評判をたてられて牢獄に入れられ途方に暮れたグレートヒェン悲劇ではなく、二人に正式の結婚をさせることもできたでしょう。たしかに、ある観点から見れば、デュ・ボワ＝レイモンはもちろん正しいのです。しかし、ゲーテがそんなことを意図していたのではないことは確かです。

カルマの屈折を経験したとき、フリードリッヒ・テオドール・フィッシャーはもはや完全に自信のある状態ではありませんでした。そのために、彼は鬱々とし、彼の精神は自由であったにもかかわらず、彼の無意識はゲーテの『ファウスト』について俗物たちが毒づくのに聞き惚れました。彼はもちろん才気にあふれていました。才気にあふれて、あちこちに雪玉を投げつづけるようなものでした。直感をもって接近しうることがらに関して人間を考察すると、感覚存在の舞台の背後へと導いていくイマジネーションが得られます。

一方には、デュ・ボワ＝レイモンのような一流の俗物がいます。「ゲーテはファウストをマクデブルク市長にして、電気機械と空気ポンプを発明させ、グレートヒェンと結婚させるべきだった」というのは、一流の俗物ではないでしょうか。そこにはカルマ的な関連があるのです。みんな、フリードリッヒ・テオドール・フィッシャーとともにアラビア主義の風土のなかにいたムーア人だったのです。彼は彼らを自分と同族だと感じたのですが、事実はそうでもなかったのです。彼は中間期に、べつの流れに触れて、カルマが屈折したからです。彼は、「たとえばゲーテの妻クリスティアーネのしもやけと、『ファウスト』第二部の象徴的─寓意的─神話的な人物たちとの関係について論文を書くべきだ」と、いいました。これは天才的な、二流の俗物ではないでしょうか。

このようなことがらの価値を受け取ると、たんなる主知主義から直観へといたります。このことに関しては、あとで立ち返ります。いかにある地上生が前世から把握されうるかを、まず示唆したいと思ったのです。

シュトゥットガルトを歩いていたフリードリッヒ・テオドール・フィッシャーは、わたしにとってほんとうに途方もない、衝撃的な意味を持っていました。すばらしい青い目、赤茶色のあごひげ、人を押し退けるような腕の恰好については、昨日お話ししました。わたしがいま彼について語ったことと、シュトゥットガルトを歩くシュヴァーベン人フィッシャーの姿とは合っていません。オカルト的なまなざしにも、彼はアラビア人の生まれ変わりとは見えなかったのです。そのことを、わたしは繰り返し考えました。彼の姿を見ると、彼がアラビア人だったということが疑わしく見えてくるからです。謎は、つぎのような方法で解けました。

八世紀に、彼は北から、すなわちシチリアから来た人々を自分の理想と見たのです。その人々の容姿が、彼には気に入ったのです。そうして、彼はつぎの受肉において、自分が戦った相手の姿を得たのです。このように、彼の容姿の謎が解けました。

昨日、第二の人物としてフランツ・シューベルトを取り上げました。彼には、フォン・シュパウンという、友人であり後援者でもあった人物がいました。彼は繊細でしたが、例外的に猛り立つこともあったことを、お話ししました。彼は夢遊病者のように、朝起きるとすぐに、美しいメロディーを書きました。この人物のイメージを作るのは、きわめて困難です。しかし、シュパウンとの関係からイメージを形成することができます。陳腐な言い方をすれば、「シューベルトの前世へとさかのぼろうとすると、シューベルトはいつも、するりと逃げ去る。かんたんには彼の前世へとさかのぼれない。彼は、するりと逃げ去る」という感情を持ちます。

彼の運命とは反対に、シューベルトの作品は死後世間に知られるようになりました。シューベルトが死んだとき、彼の作品を知っている人は、ごくわずかでした。時が経つにしたがって、彼は有名になっていきました。一八七〇年代、一八八〇年代になっても、毎年、彼の作品が発見されました。死後長く経ってから、シューベルトが突然、多作の作曲家になったのは興味深いことです。彼の作品が発見されつづけました。

十九世紀におけるシューベルトの生涯から、彼の前世へと霊的にさかのぼっていこうとすると、彼の痕跡は消え去ります。かんたんには、彼を見出すことができないのです。

それとは反対に、フォン・シュパウン男爵の痕跡は、比較的容易に見出すことができます。その痕跡は、八世紀、九世紀のスペインへといたります。フォン・シュパウン男爵は、カスティラ侯爵で、非常に賢い人物として知られていました。占星術、当時の天文学に取り組み、天文学の図版を改良しました。あるとき、彼はカスティラから追われて、当時のカスティラの住民の最大の敵であったムーア人のもとに避難したことがありました。彼はしばらくのあいだ避難しなくてはならず、そのときに、のちにフランツ・シューベルトとして生まれ変わるムーア人と非常に思いやりのある関係を結びました。もし、この繊細な精神のムーア人が親切に彼の面倒を見なかったなら、カスティラ侯爵は間違いなく破滅していたことでしょう。カスティラ侯爵は生き延びることができ、それは二人にとって、深い満足をもたらしました。

わたしがみなさまにお話ししたことは、主知主義的な思索からは非常に隔たったものです。わたしは、どのような回り道をしたかもお話ししました。そのような回り道をして、フランツ・シューベルトがムーア人の生まれ変わりであることがわかりました。ムーア人は当時、音楽を魂のなかで消化することからは遠ざかっており、反対に、アラビア文化における繊細な芸術的なものと繊細な黙考とを消化したいという内的な傾向をもって、アジアからアフリカを通って、スペインにいたったのです。

当時、この人物はなによりも、慎ましいとはいえエネルギッシュな魂の柔軟さを形成し、それが芸術的ファンタジー、夢遊病的なものとして、フランツ・シューベルトとしての受肉において現われ出たのです。べつの面では、この人物はムーア人と、カスティラやアラゴンの住民などの非ムーア人との困難な戦いに関与しました。こうして形成された控え目なエモーショナルな血が、特別の機会にのみシューベルトのなかに現われたのです。

フリードリッヒ・テオドール・フィッシャーの人生が、その背景となったアラビア精神を見たときに初めて理解できるように、シューベルト独特の音楽、歌曲の底層は、「精神的なもの、アジア的なものが、しばらくのあいだ砂漠の太陽によって照らされ、ヨーロッパで澄み、死と再受肉のあいだに霊的世界を通過して、貧しい学校教師として再受肉した」ことを観照することによってのみ理解できるように思われます。

昨日お話しした第三の人物は、オイゲン・デューリングです。わたしは若いとき、デューリングの著作を非常にたくさん読んだので、彼はわたしにはほんとうに興味深い人物なのです。わたしはデューリングの物理学と数学の著述、とくに『新しい解析学、代数学、関数計算、幾何学——数学研究と数学授業の改革』の、沸騰温度の法則の取り扱いに夢中になりました。わたしは、彼の自伝的な『事件、人生、敵』のような本に立腹しました。それはほんとうにひとりよがり、天才的なうぬぼれの本です。『レッシングの過大評価とユダヤ人弁護』のような雑然とした冊子については、なにも語る必要はないでしょう。獰猛なライオンが姿を現わしておらず、その爪だけが見られる『力学の一般原則への批判的歴史』は賛嘆することができました。とはいえ、この本は力学の歴史としては行き過ぎで、ヘルムホルツ夫人のゴシップについては、不愉快なものがあります。それは、デューリングが罵倒したヘルマン・ヘルムホルツにかかわるものではなく、ヘルムホルツ夫人をめぐる噂話なのです。まあ、それはいいでしょう。どのようなところでも、雑談はおこなわれるものです。

人智学者たちも、無駄話はします。とはいえ、クリスマス会議以後、人智学者たちの無駄な茶飲み話は、新たな傾向を帯びるべきです。場合によっては、おしゃべり好きの人は不愉快な思いをされるかもしれませんが。

デューリングの著作における、個人への尊敬、評価、批判のニュアンスに、わたしは腹が立ちました。前世においてどのようなことがあったのかをみると、その背景が理解できます。

前世へとさかのぼるのは、容易ではありません。まず、見かけだおしの人物が現われます。このようなことを調べていると、さまざまな印象、しばしば恐ろしい印象を受けます。わたしが昔ブダペストの喫茶店にいたとき、ヨーゼフ二世、フリードリッヒ大王、ポンパドゥール侯爵夫人、セネカ、帝国直属都市公爵、マリー・アントワネットの生まれ変わりたちが集まっており、夕刻になって、ヴェンツェル・カウニッツもやってきました。そのテーブルに着いていた人々が、自分たちは彼らの生まれ変わりだと主張していたのです。いろいろ思案したり、馬鹿げた霊視をしたりすることがあります。見かけだおしの人物が、容易に現われます。ある人物の人生における重要な点から出発して、適切にさかのぼっていくことが大切です。デューリングに関して、わたしはそのような的確な点を見出すことが、長いあいだできませんでした。

わたしは、つぎのようなことをおこないました。彼に関してわたしが共感を抱くものを思い浮かべました。それは、彼の力学的—唯物論的な、ある意味で、少なくとも知的—精神的な世界理解でした。有限の空間、有限の時間にどのように取り組むべきかを熟考し、デューリングの世界観を再構築してみました。それは、かんたんにおこなえることです。そのようにして前世へとさかのぼると、無数の受肉と目くらましのようなものが現われます。なにも見出すことができません。無数の受肉が現われますが、たんなる現在の受肉の反射にすぎません。部屋の両側の壁に鏡を掛けると、無数の反射が見られます。「デューリングの世界観はどのように見えるか」を、わたしは集中的に考えました。わたしは陰険な批判、罵詈雑言などのつまらないことは、すべて取り去りました。彼の世界観にわたしは共感を覚えませんでしたけれど、デューリングが主唱した方法には共感を覚えていました。それをすばらしいものとして受け入れ、いきいきと思い浮かべてみました。そして、デューリングの実際の姿を明らかにすることに取りかかりました。彼はすべてを、ある年齢から、盲人として見るのです。しかし、盲人は世界を見ることはできません。ですから、彼は目の見える者とは別様に世界を表象するのです。彼はありきたりの唯物論者、ありきたりの機械論者とはちがうのです。デューリングは彼らとはちがって、天才的です。フォークト、ビュヒナー、モレショット、ヴィースナーなどが世界像を構築した方法は、デューリングとは異なっているのです。この世界観の特別の姿に突き当たる性向を、彼はまだ目が見えていたころから持っていました。その世界観は、彼の目が見えなくなって、まわりの空気が闇となったときに、はじめて彼に適したものになりました。デューリングが世界を構想するもととなったものは、すべて闇の空間のなかに収まるものだったのです。

「目の見える者が考え出したのだ」と思うなら、間違っています。

多くの人がそのような世界観を構築しましたが、デューリングの場合はそのような世界観はまったくの真実だったのです。ほかの人々は目が見えながら、盲人のような世界観を構築したのですが、デューリングは目が見えず、盲人の世界観を構築したのです。これは、目を見はるようなことです。このことがわかると、この人物を見て、「彼の魂は、内的に盲目のようであった。彼は盲目であるために、機械的になったのだ」ということがわかります。ここでは、二つの受肉を考察することになるのですが、まず八世紀、九世紀ごろ、東欧キリスト教国に、偶像破壊者たちと、図像の正当性を述べた人物たちが見出されます。コンスタンチノープルで、図像の正当性をめぐる戦いがありました。のちにデューリングとして生まれる人物は、このとき、熱狂的に偶像破壊のために戦いました。この物質的な戦いのなかに、のちにデューリングのなかに表現されるものをすべて見ることができます。

わたしにとって非常に興味深かったのは、ユリウス・ロベルト・マイヤーについての著作の第二巻に、風変わりな言葉があることでした。偶像破壊者として、デューリングは独特のサーベルの動かしかたをしました。独特のサーベルが当時、作られていました。ユリウス・ロベルト・マイヤーについての本のなかに、それに符合する言葉を、わたしは見出しました。「ずる術」(シュリコローギッシェス)という題の章で、ドイツの大学生活のずる術云々について語っています。いたずらをしたり、横から入ってくるというようなずる術です。

与太者（カナリエ）に合わせて知識与太（インテレクテュアリエ）というすばらしい言葉を作ったように、ずる術（シュリコローギッシェス）という言葉を作ったのです。彼は、さまざまな造語をしました。このような、一見二次的なことに、注目することができます。このような徴候のなかになにかを見ないと、さまざまの地上生の関連を見出すことはできません。人の歩きかたから、その人の性格を推測できない人は、いまわたしがお話ししているようなことがらに関して進歩することがないでしょう。コンスタンチノープルでのサーベルの振り回しかたが、デューリングが作った言葉のなかに入り込んでいるのです。

デューリングは罵詈雑言を博識者、「馬鹿識者（フェアレールター）」に浴びせつづけました。昔の学問を思い出させるような名前を聞かなくてもよいようになったら、どんなにいいだろうといっていました。彼は論理ではなく反論理、知恵ではなく反知恵、学問ではなく反学問を目指しました。すべてに「反」という接頭語を付けられれば、彼にはいちばん好ましいことだったでしょう。そのことを、彼ははっきりと述べています。学者をひどく罵倒したこの人物は、偶像破壊者としての前世よりもさらに過去にさかのぼると、ギリシアのストア派の哲学者でした。二つまえの前世では、彼は地上生活から隠遁した、ストア派の哲学者でした。デューリングは古代において、まさに彼が罵った対象だったのです。

こうして、「デューリングに見られる非常に多くの思考形態が、ストア主義のなかに見出される」ことが明らかになりました。ストア主義者たちの思考形態とデューリングの思考形態については、立派な研究論文を書くことができるでしょう。

デューリングは九世紀ごろに東欧で偶像破壊者であり、紀元前三世紀にギリシアでストア派哲学者でした。

無欲になって、生活に必要なもの以外からは退こうとするストア派の哲学者は、その二つあとの地上生において視力を放棄するのです。そして、彼は現代の世界観の盲目性を、壮大な仕方で提示したのです。

どのようにデューリングの世界観に立ち向かおうとも、デューリングはその個人において、十九世紀の世界観の真理であり、その真理をデューリングはみずからをとおして悲劇的に語ったのです。世界を見ようとしなかったストア主義者が、盲目になったのです。偶像破壊者が、どのような偶像にも耐えることができず、文学についての本のなかでゲーテとシラーを排除したのです。「十九世紀後半の機械論、唯物論は、ものごとをよく見たではないか」と、主張されるかもしれません。それはほんとうではありません。機械論や唯物論は盲目なのです。そのことを、デューリングは真実に示したのです。

正しく考察すると、この人物は、十九世紀後半の世界観において文明が有した世界史的なカルマを示しているのがわかります。

このことについて、次回、お話をつづけましょう。

第三講　ハルトマン・ニーチェ

カルマすなわち人間の運命の道についてお話ししてきて、昨日は運命の関連を考察しました。その考察は、運命がどのような方法でいくつもの地上生を通じて作用するかについて光を投げかけるのに適したものでした。そのような個々のカルマ的関連について語ることが必要だと、わたしは熟慮の結果、決意しました。そのような考察を、もう少しつづけていきたいと思います。

カルマ的関連について語るには、人間の人生と本質において、注意されることなく見過ごされる多くのことがらを検討する必要があることが、おわかりになったと思います。デューリングには、前世における身体的な特徴が心魂の状態に移行していることがわかりました。人間存在を追って霊的世界へと進むと、一方では、精神的なものが抽象性をすべて失って、力強く、衝動的に作用するようになります。それに対して、身体、人間のなかで身体的に表現されるものは、その素材性を失って精神的な意味を獲得し、人生全体の関連のなかに位置を得ます。

そもそも運命は、どのように作用するのでしょうか。運命は人間の全体的一体性から作用します。カルマの衝迫から人間が人生のなかで見出すもの、運命的に形成されるものが、人生から人生へと進む運命の力が精妙な血液組成を引き起こし、神経活動を内的に整え、心魂的―本能的感受性を刺激することの根底にあります。心眼を持って、人間の個々の人生の表明を見ていかないと、運命すなわちカルマ的関連のなかに入っていくことは容易ではありません。カルマ考察にとっては、天才的な才能への興味と同時に、手の動きにも興味を持つことが重要です。どのようにその人が座るか、その人がどのように道徳的義務に従うかを、精神的な側面から観察することが重要なのです。額に皺を寄せるか寄せないか、敬虔か不信心かということも重要です。運命がどのように地上生から地上生へと織り成されるかを考察しはじめると、通常の生活においては本質的でないと思われることの多くが非常に重要であり、非常に重要と思われることが、わずかの意味しかないことがあります。一般的な人間生活においては、たとえば身体の特性に注意することは簡単ではありません。人々を傷つけることなく、身体的特性に注意することを学ばねばなりません。考察するために考察するという観点に立つと、人を傷つけることになります。考察するために考察するというようなことは、けっしてあってはなりません。身体的特性の考察は、おのずとなされるものでなくてはなりません。しかし、注意力を修練すると、一般的な人間生活においては、ささいなことに属しながら、カルマ的考察にとっては大きな意味を持つ人間の特性が明らかになってきます。そのような重要な特性を示唆しえたときにのみ、カルマ的関連を深く観察することができます。

内面的精神生活に関しても、外的生活に関しても非常に興味深い人間は、哲学者エドゥアルト・フォン・ハルトマン（一八四二―一九〇六年）です。わたしにとって、この哲学者は大きな意味を持ちました。彼の人生をカルマ的に考察するときに重要なのは、つぎのようなことがらです。「無意識の哲学」の哲学者エドゥアルト・フォン・ハルトマンは、哲学において最初、爆発的な活動をしました。精神的な領域におけるそのような爆発的な活動は、十九世紀の人々には非常に鈍重に受け取られました。もちろん、十九世紀から二十世紀初頭にかけての人々は、内的に世界を動かすものを、自分の鈍重さから取り出したのではありませんが、この精神的に粘液質的な時代には、深い熱狂というものがほとんど見られないのです。

わたしはかつて、歴史的事実のひとつを、ある講義で述べねばなりませんでした。民族移動の時代における、ローマ世界と北方ゲルマン世界の衝突についてです。キリスト教が南方のギリシアーラテン地方から北方に広まっていった時代です。中部ヨーロッパと南ヨーロッパの祖先を正しく思い描くと、どれほど多くの人間的衝動がかつて世界にあったかについてのイメージが得られます。自然の霊的な諸力をともに体験することが、ゲルマン民族たちにおいて非常に活発になされました。そのような人々にローマ人たちは、紀元数世紀に出会ったのです。これらの人々は、霊的なものに対してローマ人とはまったく別様の態度を取っていました。彼らの大部分は、霊的なものへの本能的な傾向に取り憑かれていました。わたしたちは今日、たいてい粘液質的に語ります。つまり、単純に、言葉に言葉がつづきます。わたしたちとはちがって、彼らは語るとき、体験したものを言葉のなかに注ぎ込みました。彼らにとっては、風が吹くのは、人間が腕を動かすのとおなじく、霊的—魂的なものの物質的身振りでした。風が吹き、そのなかに光が輝くのを、北欧神話の最高神ヴォータン＝オーディンの表現として、彼らは知覚しました。このような事実を言葉のなかに取り入れることによって、自分が体験したものの性格を言語のなかに入れたのです。現代ドイツ語で表現するなら、「ヴォータン・ヴェート・イム・ヴィンデ」（ヴォータンが風のなかで吹く）です。言葉のなかにまで、彼らが体験したことが躍動しています。空を見上げて、雲から雷が鳴るのを知覚したときには、その自然現象の背後に霊的な存在を見て、その体験を「ドーナル・ドレーント・ドナー」（雷神ドーナル＝トールが雷のなかで轟く）という言葉のなかに注ぎ込みました。自然の働きのなかに霊的なものを感じ、それを言葉のなかに表現したように、彼らは戦いに赴くとき、守護神が彼らの手足のなか、彼らの身振りのなかに生きている、と表現しました。彼らは盾を持ち、突進しました。善い霊であろうと魔的な霊であろうと、その霊が言語のなかに入ることによって、突撃は激しいものになりました。彼らは突撃するときに、「ツィーウ・ツヴィンクト・ツヴィスト」（戦いと正義の神ツュールが争いを強いる）と表現しました。盾の後ろでそう語り、戦意を高揚して突撃したのです。何千人という兵士たちがそのように叫ぶのを想像してみてください。紀元数世紀に、南ヨーロッパの人々が中部ヨーロッパの人々と出会ったとき、外的に大きな戦いがあったのではありませんが、このような力強い轟きがローマ人たちに向かってきたのです。こうして、南ヨーロッパの民族たちは途方もない不安に捕えられました。何千もの兵士たちが盾のうしろで叫ぶ「ツィーウ・ツヴィンクト・ツヴィスト」という声に、彼らの膝は震えました。

「これらの人々が再来した。しかし、彼らは粘液質になった」と、いわねばなりません。当時叫びの声を発した人々が、今日では十九世紀、二十世紀の内的な心魂の態度を受け入れて、非常に粘液質になっています。もし、当時の心魂の状態で叫びを発した人々が復活したなら、彼らは今日の受肉において、先が尖って垂れ下がったナイトキャップをかぶって、「活を入れることのできない人間の粘液質主義は、ベッドの上のナイトキャップに属するものであって、人間の行為の場に属するものではない」と、いうことでしょう。

このような話をしたのは、エドゥアルト・フォン・ハルトマンが『無意識の哲学』のなかで述べた爆発的なものを感情にもたらす傾向が、いまではいかにわずかしかないかを示唆したかったからです。彼は最初、人間が意識しているもの、意識的な思考が、人間および自然のなかに無意識に躍動しているものに対して、わずかの意味しか持たないことについて語りました。意識をとおして高められえないものは、けっして意識のなかに入ってこない、と語りました。明視的なイマジネーション、インテュイションについて、エドゥアルト・フォン・ハルトマンはなにも知りませんでした。無意識が人間の認識対象となりうるということを、彼は知りませんでした。本質的なものは無意識のなかにとどまるということを、彼は示しました。まさにこの理由から彼は、わたしたちが生きている世界は考えうるかぎりもっとも悪いものだという見方をしていました。彼はショーペンハウアーよりもペシミズムを一歩進め、文化の頂点は、地上における進化が滅する日が一日も早く来ることによって達成されると考えていました。地上にとって意味のない人間文明を完全に滅するためには時間が必要なので、明日滅亡することは望まない、と彼はいいました。人間が機械を発明し、その機械を地下深く埋め、その機械を爆発させて地球を破壊させることを、彼は『無意識の哲学』のなかで夢みています。

たしかに、多くの人がこの『無意識の哲学』に熱狂しました。しかし、この本の内容について熱狂的に語るとき、自分という人間全体がこの本の内容に捕えられていることを見落としてはなりません。心を込めてこの哲学の内容を語るなら、それは恐ろしいことです。

エドゥアルト・フォン・ハルトマンは、人間の地上での論理について考察しました。その著『道徳意識の現象学』は、非常に興味深いものです。彼はそのほかにも、「人類の宗教意識」と「精神の宗教」の二巻からなる『宗教哲学』や『美学』など、多くの著作を残しました。それらの著作はすべて、引きずり込まれることなく読んでいけると、非常に興味深いものです。

このような人物における運命の関係はどのようになっているのかを知りたいという思いが生まれます。ふつう、彼の哲学を取り上げ、彼の哲学思想から彼の前世を推測しようと試みられることでしょう。しかし、そうすることによっては、なにも見出すことができません。しかし、彼は非常に興味深い人物です。

神秘学を体得していると、正しく見ることができます。エドゥアルト・フォン・ハルトマンは最初兵士、将校であったという事実があります。キュルシュナー版「ドイツ文芸年鑑」には、哲学博士という肩書とならんで陸軍中尉という肩書が最後まで載っていました。エドゥアルト・フォン・ハルトマンは最初プロイセンの将校でした。彼は非常に優秀な将校であったにちがいありません。

ある日以来、そのことが彼の運命の関連について、彼の哲学よりも重要だと、わたしには思われてきました。彼の哲学は、なにかを受け入れ、なにかが誤っていることを証明する傾向を持っています。しかし、それは重要なことではありません。少しでも哲学を学んだ者は、そのようにすることが可能です。そこからは、それほど特別のことは現われません。「エドゥアルト・フォン・ハルトマンはプロイセンの優秀な将校であり、将校時代には熱心に剣の訓練に取り組み、哲学に取り組む時間はごくわずかしかなかった。その彼が、どうして時代を代表する哲学者になったのか。どのようにして、彼はそのように偉大な哲学者になったのか」という問いが生じます。

彼は病気で膝を痛め、退職して、年金生活に入ったのです。彼はそれ以後、膝の痛みで一生悩みました。あるときなど、脚を延ばしたままで、歩くことも、座ることもままなりませんでした。そして、教養を積んだあと、つぎからつぎへと哲学書を書きました。彼は非常に多産な哲学者でした。

彼を考察していて、わたしには膝の痛みが重要なことだと思われてきました。彼の先験的リアリズムや、「最初に父の宗教があり、ついで子の宗教があり、未来には聖霊の宗教が成立する」という発言よりも、人生のある年齢にいたって膝を痛めたことのほうが、ずっと興味深いことに思われました。彼の哲学は才気に富んだものですが、それらは多かれ少なかれ才気に富んだ十九世紀には、町の通りで見出されるものでした。しかし、陸軍中尉が膝を痛めたことによって哲学者になるというのは、特別意味深いことです。そのようなことがらにさかのぼらないと、表面的に傑出した部分に目が眩んで、カルマ的関連にいたることができません。

彼の人格全体と膝の損傷を正しく関連づけることができたとき、この人物の運命が明らかになってきました。わたしは過去にさかのぼることができました。エドゥアルト・フォン・ハルトマンの頭ではなく、彼の膝から、わたしは彼の前世への道を見出したのです。ほかの人物の場合は、鼻などが前世への道を提供します。生まれてから死ぬまでの地上生においてもっとも重要と思われるものが前世への道を開くということは、一般的にありません。

地上に生きる人間は、物質的存在としても、三重の存在です。神経―感覚組織が主として頭部に集中しています。しかし、神経―感覚組織は全身に広がっています。人間の律動組織は呼吸のリズム、血液循環として特に明瞭に現われていますが、やはり全身に広がっています。新陳代謝と関連する人間の四肢組織は、新陳代謝の消耗、素材の補充などと関連しています。人間は三重の存在なのです。

生命の関連全体について、「地上においてもっとも重要なものである頭は、死後、比較的わずかの意味しか持たないものになる」ということが、わかります。人間の物質体においてもっとも物質的なものである頭は、物質界においてみずからの本質を使い果たします。

物質界において、より価値の少ない器官が、霊的世界においては、より高次の意味を持ちます。頭部において、人間は物質人間であり、ほとんど精神人間ではありません。反対に、ほかの部分、律動組織、四肢組織において、人間はより精神的存在です。運動において、手足の活動において、人間はもっとも精神的な存在なのです。

人間の頭の才能は、死後比較的速やかに失われます。反対に、無意識のなかで精神的——心魂的なものとして下部組織に属しているものが、死と再受肉のあいだにおいてとくに重要なのです。しかし一般的に、頭以外の部分の組織の形態、精神的内容が来世では頭になるのに対し、人間の頭のなかで意志的なものは来世でとくに手足のなかに働きかけます。思考の不活発な人の身体は、来世では活発にはならず、思考の不活発さが手足の不活発さへと移行します。反対に、現在の手足の不活発さは来世に、思考の不活発さとして表現されます。

このように、人間存在の三つの部分が地上生から地上生へと移っていきます。

わたしがお話ししているのは理論ではなく、人生の事実から取り出したものです。エドゥアルト・フォン・ハルトマンの膝の苦しみに注目したとき、わたしは彼が前世で一種の日射病に罹ったことがあるのがわかりました。この日射病は頭の欠陥となり、それがつぎの人生において膝の欠陥として現われたのです。前世で、ある日からエドゥアルト・フォン・ハルトマンはもはや思考することができず、脳性麻痺になりました。それが、つぎの人生で、膝の麻痺というかたちで現われたのです。その脳性麻痺は、つぎのような事情で生じたのです。この人物は十字軍遠征に参加して中近東に向かい、トルコ人と戦ったのですが、同時にアジアの文明に驚嘆し、それを学びました。オリエントの偉大な霊性に驚嘆し、それを受け入れたあと、彼はある人物の存在に気づきました。本能的に彼は、その人物とさらに前世でなにか関係があったと感じました。この受肉と以前の受肉のあいだで処理されたのは、道徳的なことです。日射病が膝の痛みに移行したことは、たんに物質的なことだろうと思われます。しかし物質的なことがらは、運命に関しては、いつも道徳的なことがらにさかのぼります。前世で出会った人物に対して、さらに前世からの激しい戦いの衝動を持ちました。そして炎天下に、その人物の追撃を受けました。この追撃の途中、彼の脳は炎天によって麻痺したのです。その戦いで生じたことは、この人物がさらに昔の前世で非常に賢かったことに由来するのです。この人物が非常に賢かった、さらなる前世へとまなざしを向けねばなりません。彼が十字軍遠征において出会った敵は、さらなる前世において、この賢い人物によって窮地に追い込まれ、損害を受けました。このことをとおして、戦いへの衝動が生まれたのです。このように、道徳的な関連が見出されます。

三つの受肉が見出されました。まず、古代における非常に賢い人物です。ついで、十字軍遠征に参加した人物で、脳性麻痺に罹って賢さを台なしにしたのですが、そのまえに彼の明知はオリエント文明に驚嘆して、それを受け入れたのでした。そして、膝を痛めて引退したプロイセンの将校です。引退して、彼はなにをすべきかわからなかったのですが、哲学に取り組んで、十九世紀後半の文明が生んだ、もっとも印象的な『無意識の哲学』を書いたのです。

このような関連が明らかになると、それまでわからなかったことが突然解明されます。若いころ、このような関連を知らずにハルトマンの本を読んでいたとき、「聡明だ」という感情を、わたしはいつも持ちました。しかし、あるページを読むと、「このページには聡明さがない」と感じ、前のページを繰って、そのページは聡明かどうかを確かめようとしました。それは今日の聡明さではなく、昨日の聡明さ、一昨日の聡明さだったのです。「この聡明さは二つ前の前世に由来するものなのだ」ということがわかったとき、すべてが明らかになりました。「ずっと昔の受肉から、賢さが作用を及ぼしつづけているのだ」と知ることによって、ハルトマンの膨大な著作が解明されていきます。

ハルトマンと個人的に知り合い、言葉を交わすと、「彼の背後にはだれかがいる。さらに背後に第三の人物がいて、その人物が霊感を送っている」という感じを受けます。彼の話を聞いていると、「将校が、熱中することなく無頓着に、耳障りな声で最高の真理を語っている」という感じがします。「二つ前の前世で、彼は非常に聡明な人物だった」ということを知ると、その原因に気づきます。

このように語ると、尊敬の心がないと思われるかもしれません。尊敬の気持ちがないのではありません。「わたしは三つ前の人生において、ほんとうにひどい人間だった」といわねばならないような場合でも、そのような関連が自分の人生にあるということは、価値あることなのです。「わたしは、まったく悪い人間だった」ということができるのは、人生にとって非常に有益なはずです。事情によっては、かつて非常に悪い人間であった可能性はあるのです。

わたしは、フリードリッヒ・ニーチェの運命の関連に大きな興味を持っています。わたしの人生はわたしを、この人物に導いたからです。わたしはニーチェ問題を、あらゆる面から考察しました。わたしはニーチェについて多くのことを述べ、フリードリッヒ・ニーチェをあらゆる側から考察しました。

わたしが彼に会ったのは一度だけです。一八九〇年代にナウムブルクで会ったのですが、そのとき彼はすでに重い精神病にかかっていました。午後二時半ごろ、彼の妹がわたしを彼の部屋に案内してくれました。彼は寝椅子に横たわっていて、彼の目は人が入ってきたことに気づかず、無関心でした。美しい、芸術的な額が注意を引きました。目が無関心であるにもかかわらず、狂人が目のまえにいるという感じではなく、午前中集中的に魂のなかで精神的に活動して、昼食をとり、休息しながら、午前中魂のなかでおこなったことについて思索しているように感じられました。霊的に見ると、そこには物質体とエーテル体しかなく、心魂と精神はすでに外にあって、太糸で身体につながっていました。すでに死が近いのですが、身体組織が健康なので、完全な死にはいたっていないのでした。完全に破壊された神経―感覚組織はもはやアストラル体と自我を保持することができないのですが、非常に健康な新陳代謝―律動組織が飛び去ろうとするアストラル体と自我をつかんでいるのでした。「ほんとうのニーチェは、彼の頭の上に漂っている。下方にある身体は、心魂に去られて死を迎えてもよいのだが、非常に健康な新陳代謝―律動組織によって身体が心魂に結びついているので、まだ死がやってこないのだ」という印象をわたしは持ちました。

その様子を見ると、深い意味で運命の関連に注意が引かれます。ニーチェの場合、苦痛を感じている身体部分から運命の関連を探求することはできません。フリードリッヒ・ニーチェの精神全体にさかのぼる必要があります。

ニーチェの生涯は、三つの時期にはっきり分かれます。第一期は、若いニーチェが『音楽の精神からの悲劇の誕生』を書き、ギリシアの密儀から音楽が発生し、悲劇が音楽から生まれたことに熱狂したときから始まります。その気分から、『信仰者であり著述家であるダフィット・フリードリッヒ・シュトラウス』『人生にとっての歴史の効用と害』『教育者としてのショーペンハウアー』『バイロイトにおけるリヒャルト・ワーグナー』の四冊の「反時代的考察」が書かれます。一八七一年から一八七六年です。『音楽の精神からの悲劇の誕生』が書かれ、ワーグナー主義者によるおそらく最良のワーグナー賛美の書である『バイロイトにおけるリヒャルト・ワーグナー』が書かれた時期です。

第二期になると、ニーチェは『人間的な、あまりに人間的な』『曙光』『喜ばしき学問』を書きます。

処女作から一八七六年まで、ニーチェは最高の意味で理想主義者であり、すべてを理想へと高めようとしました。第二期になると、ニーチェはあらゆる理想主義に別れを告げます。彼は理想を茶化します。「理想を持ち出すのは、人生において虚弱だからだ。人生においてなにごとも成し遂げられない人は、人生は無価値なもので、理想を追及しなければならないという」と、彼は考えました。そして、ニーチェは個々の理想を攻撃し、神的なものが自然のなかに示すものをあまりに人間的なもの、取るに足りないものとしました。ニーチェはヴォルテール主義者になり、『人間的な、あまりに人間的な』をヴォルテールに捧げました。ニーチェは、まったく合理主義者、主知主義者になりました。この時期は、一八八二年、一八八三年までつづきます。ついで、第三期にいたり、彼は永却回帰の理念を形成し、ツァラトゥストラを人間の理想とします。彼は讃歌のスタイルで、『ツァラトゥストラはこう語った』を書きます。

そして、彼はワーグナーについて、ふたたび書きます。それは、たいへん注目に値するものです。ニーチェの方法を知っていると、その著は注目すべきものに見えます。『バイロイトにおけるリヒャルト・ワーグナー』は、リヒャルト・ワーグナーに熱狂した壮大な讃歌です。第三期に、『ワーグナー事件』が書かれました。ワーグナーに反対していいうることすべてが、この本のなかに書かれています。

ありきたりにいえば、「ニーチェは変わったのだ。ニーチェは見解を変えたのだ」と、いうことです。しかし、ニーチェの原稿を知っている者は、そうはいいません。ニーチェは『バイロイトにおけるリヒャルト・ワーグナー』の二、三ページを、ワーグナーへの熱狂的な讃歌として書いたとき、自分が書いたのと反対のことを同時に書いていました。そして、また讃歌を書き、また反対のことを書きました。『ワーグナー事件』は、すでに一八七六年に書かれていたのです。彼はそれをしまっておき、讃歌の部分だけを『バイロイトにおけるリヒャルト・ワーグナー』として印刷したのです。彼は、昔書いたものを取り出し、鋭い文章をいくつか加えただけなのです。

彼は第三期に、第一期に控えていた攻撃をなすという傾向がありました。彼が『バイロイトにおけるリヒャルト・ワーグナー』に載せずにしまっておいた原稿が失われていたなら、『ワーグナー事件』は世に出なかったことでしょう。

この三つの時期を追っていくと、それらを一貫する性格があるのがわかります。彼のべつの面が示された最後の作品『偶像のたそがれ、あるいは、いかにしてハンマーで哲学するか』にいたるまで、ニーチェの霊性の基本性格が見られます。ニーチェはほんとうにいきいきと、イメージ豊かに書いています。たとえば、彼はフランスの歴史家ジュール・ミシュレの性格を述べようとしました。彼の性格描写は適切なもので、「熱中したときには、もろはだ脱ぎになる」と、書いています。これは、ミシュレのある面を見事にとらえています。同様のことが、『偶像のたそがれ』のなかに、いきいきと述べられています。

ニーチェの個体が身体の上に漂っている衝撃的な姿を目にすると、彼の著作に対して、「彼の著作を読むと、ニーチェは書いていたとき、けっして完全に身体のなかにいなかったという印象を受ける。彼は、いつも身体の外にいたかのように思われる」と、いわざるをえません。事実、彼は座って書いたのではなく、歩きながら書きました。とくに彼が身体の外にいたと強く感じられるのは、『ツァラトゥストラはこう語った』第四部です。「これは身体が正常な状態で書かれたのではない。身体がもはや正常でなく、心魂が身体の外にあるときのみ、このようなものは書ける」という感情をわたしたちは持ちます。

精神的生産においてニーチェは自分の身体を置き去りにした、という感情をわたしたちは持ちます。彼は日常の習慣においても、ついにはそうなりました。彼はとくにクロラールを好み、身体から離れる気分を味わいました。心魂の気分のなかの、身体から離れたいという憧憬をとおして身体は病気になり、たとえば頭痛が長期にわたってつづきました。

これらすべてが、十九世紀末におけるニーチェのイメージを与えます。ニーチェは狂気にいたり、ついには自分がだれであるかわからなくなりました。デンマークの文芸評論家ゲオルグ・ブランデスにあてた手紙に、彼は「十字架に懸かった者」とサインしたり、自分を自分の外にいる人のように客観的に見たり、自分をイタリアのポー川を散歩する神だと思って、「ディオニュソス」とサインしたりしました。精神的な生産活動における身体からの遊離が、ニーチェとしての人生における特徴でした。

内的―イマジネーション的に進んでいくと、それほど過去にはさかのぼらない前世に導かれていきます。代表的な人物の多くにおいて特徴的なのは、彼らの前世がはるかな過去にさかのぼるものではなく、比較的近代にあるということです。ニーチェはかつて禁欲的なフランシスコ会修道士で、徹底的に自分を痛めつけました。フランシスコ会修道院の修道服に身を包んだ人物が何時間も祭壇のまえでひざまずいて祈り、非常な苦行をしました。自分が課した苦痛をとおして、思いが自分の肉体に強く集まります。苦痛を感じているとき、人間は特別肉体を意識します。アストラル体が苦痛を感じている肉体に浸透しようと強く望むからです。救済を願って身体を痛めたことによって、魂はつぎの人生においては身体のなかにもう入りたくないと思うようになりました。

このような運命的関連があるのです。一連の地上生について、通常の思い込みをもって臆断することはできません。臆断すると、たいてい間違います。しかし、正しいことがわかると、人生が解明されます。

事実に即した考察によってカルマを正しい光の下に見るように刺激されるので、人間のカルマ、運命の本質に光を投げかけると思われる具体的なカルマ的関連をお話ししたのです。

第四講　ベーコン・ダーウィン・ラプラス・ウィルソン

いままでカルマ的関連の考察において、原則的に一定の人物から出発して、その人物の前世にさかのぼる試みをしてきました。きょうは、カルマ的関連の具体例を補充するために、過去の歴史的人物から出発して、その人物の現在への転生の歩みを追っていきたいと思います。歴史のなかの関連をカルマ的に考察していきたいと思います。

キリスト教が地上に設立されて以来、キリスト衝動がヨーロッパにむけて拡張するにあたって取ったさまざまな道を追っていくと、べつの霊的な流れの深い影響を受けたことがわかります。外的な歴史上の出来事の下に、ヨーロッパ文明に影響を与えた霊的な流れがあったのです。キリスト教設立の数世紀後に生まれたマホメット（ムハンマド）の宗教です。マホメットの宗教に結びついたものすべてです。

マホメットは一種の一神教を樹立しました。ユダヤ教とおなじく、世界を包括する一なる神を見上げました。一なる神がいるということを、マホメットは告げようとしました。強力な衝動がアラビアからアジア、アフリカを通って、スペイン経由でヨーロッパに広がっていきました。

マホメットの行為をとおした衝撃力が、宗教感情というかたちを取らずにヨーロッパ文明のなかに働きかけ、いまも保持されていることを見ないなら、現代文明を誤って判断することになります。

マホメット教のアラビア的な宗教形態を見ると、そこには硬直した一神教が見られます。全知全能の一なる神が宿命的な要素によって宗教生活を支配しています。人間の運命は、最初から決められているのです。人間はこの運命の下にあります。この運命の下にあることを知っています。これがマホメット教の宗教形態です。これをアラビア主義と名づけたいのですが、アラビア主義はまったくべつのものも示しました。アラビア主義は戦闘的に拡張していきました。アラビア主義の戦闘的性格に、人々は不安になりました。もうひとつ注目すべきなのは、マホメット教開教から一千年のあいだ、アラビア主義が文明の担い手になったことです。ヨーロッパでカール大帝が大きな影響力を持っていたころ、バグダッドの宮殿には高度の文明が栄え、偉大な精神生活がいとなまれていました。カール大帝が初歩的な教養を広めようとし、彼自身も必要に駆られて読み書きを学んでいたころ、バグダッドには高度の精神文化が花開いていたのです。

カール大帝の周辺でも、バグダッドの精神文化に対して大きな敬意が払われていました。カール大帝の統治は七六八年から八一四年にかけてのことですが、七八六年から八〇九年のあいだ、バクダッドの偉大な文明の頂点にあったのは、ハールーン＝アッラシードでした。詩人たちから讃えられたハールーン＝アッラシードは科学と芸術の中心にありました。彼自身、洗練された教養人で、カール大帝治下の歴史家であり建築家であったアインハルトのような単純な人間ではありませんでした。ハールーン＝アッラシードの周囲に集まったのは、ほんとうに偉大で輝かしい学者たちと芸術家たちでした。ハールーン＝アッラシードの偉大なアジア文明は、いまは支配的ではないとしても、現代文明に衝撃を与えたのです。

ハールーン＝アッラシードを中心とするこの精神文化のなかで、アリストテレス主義がアジアに広がってきたのが見られます。アリストテレス哲学、アリストテレスの自然科学がアジアに広がっていきました。アリストテレスの哲学と自然科学が、オリエントの見識、オリエントの想像力、オリエントの見方によって研究されました。アリストテレスの哲学と自然科学は中近東からインド近くまで広まり、たとえば、ハールーン＝アッラシードの宮殿で医学が研究され、広まりました。

マホメットの一種の宗教的凶暴をもって設立されたものが、哲学的な形態を取ります。そして、それが偉大で迫力のある印象的な方法で、ハールーン＝アッラシードの宮殿の学者たち、詩人たち、自然科学者たち、医者たちの下で花咲いたのです。

数学、地理学が発達しました。このことは、ヨーロッパの歴史ではほとんど強調されておらず、カール大帝のフランク王国の宮殿がいかに未開なものであったかが忘れられています。

マホメット教から直線的に発展したものを考察すると、注目すべきイメージが現われます。マホメット教はメッカで設立され、メディナで育成されました。マホメット教はダマスカス、バクダッドなど、中近東全体に広まっていきました。このように、マホメット教は支配的になっていきました。マホメット教はアラビアから北にむけて、小アジアを越えて広がっていきました。アラビア人は絶えずコンスタンチノープルを包囲しました。彼らはヨーロッパの入り口に押し寄せました。彼らはヨーロッパの東方からヨーロッパの中心に押し寄せようとしていました。

もう一方では、アラビア主義は北アフリカを通ってスペインまで広がりました。スペインを越えて、ヨーロッパに進もうとしていたのです。アラビアの文化が両側からヨーロッパを捕えようとしていたのです。

一方では、ギリシアから発して、ローマ的な形態のキリスト教が南方ローマから、西ゴート族の司教ウルフィラの聖書翻訳などのなかに出現しました。この流れが中央にあります。そして、このヨーロッパ・キリスト教文明を両側からマホメット教がつかもうとしています。ヨーロッパの歴史のなかで、カール大帝によるキリスト教推進によって、ヨーロッパ中央にキリスト教が広まっていきましたが、そのころ、アジアにはハールーン＝アッラシードの文化の中心地がありました。

純粋に外的―歴史的にこのことに注目すると、どのようなことが明らかになるでしょうか。北アフリカからイベリア半島へと進む線に沿って戦いがおこなわれ、アラビア主義の信奉者たちがスペインを越えてやってきて、ヨーロッパ・キリスト教を代表するカール・

マルテル宮宰およびカール大帝自身によって撃退されたことがわかります。そののち、マホメット教の偉大さを消し去るように、トルコ主義が注ぎ込みました。トルコ主義は宗教的形態を取りましたが、ハールーン＝アッラシードが霊感を与えた高度の文化すべては消し去られたのです。

ヨーロッパ的—キリスト教的な好戦的民族の抵抗によって、アラビア主義の流れはしだいに潰滅していきました。西暦一千年紀の終わりには、トルコの脅威はまだヨーロッパにありましたが、それはここでいっている意味での力とはあまり関係のないものでした。その時点から、アラビア主義の広まりということは、もはや語られなくなったのです。

純粋に外的な歴史を考察すると、「ヨーロッパ人はアラビア主義を撃退した」という結論を出すことができます。トゥール—ポワティエ間の戦いでイベリア半島から侵入したイスラムの軍隊は敗れ、アラビア人がコンスタンチノープル人に撃退されました。それによって、アラビア主義は世界史から消え去ったと思われるかもしれません。

しかし、ヨーロッパの科学、芸術のなかに躍動しているものを見ると、アラビア主義がひそかにキリスト教のなかに注ぎ込んでいるのがわかります。

どうして、そのようになったのでしょうか。精神生活においては、通常の世界史の出来事のなかに外的に開示するのとは、別様の進行が見られます。通常の歴史のいとなみの表面の下を、大きな流れが貫いています。その流れのなかで、ある時期に活動した個々人が、まったくべつの言語共同体のなかに、まったくべつの思考方向を持ちつつ、同様の活動の基本タイプをもって生まれるのです。彼らは、かつて壮大に成し遂げたことを、のちの時代には大きな障害と妨害の下に世界にもたらさねばなりません。彼らが前世でおこなったことに比べると小さなものに見えるもので満足しなければなりません。しかし、彼らは前世とおなじ魂の基本姿勢、基本的な魂の気分をもって活動するのです。現世は前世に非常に似ているにちがいないと思うと、前世からもたらされたものを認識できなくなります。前世で音楽家だった人はふたたび音楽家に、哲学者だった人はふたたび哲学者に、庭師だった人はふたたび庭師になると思っているような人さえいます。そうではありません。ある人生から次の人生にもたらされる力は、心魂のいとなみの深層にやすらいでいるのです。

このことを見ると、「アラビア主義は死滅していない」ということがわかります。先日、フリードリッヒ・テオドール・フィッシャーとシューベルトを例にあげて、個人が再受肉することによって、かつておこなわれたことが、まったくべつのかたちで継続するということをお話ししました。

アラビア主義は死滅してはいません。アラビア主義に根づいた人々が、ヨーロッパ文明のなかに生きているのです。彼らはヨーロッパに生まれて、指導的な人物になったのです。

ある人物の前世へとさかのぼっていくことよりも、過去の歴史的人物の再受肉の道をたどっていくほうが容易です。九世紀におけるハールーン＝アッラシードに注目し、彼をアストラル光のなかで知ると、歴史の舞台の背後でおこなわれてきたことが見えてきます。ハールーン＝アッラシードは死の扉を通過したあと、地上で生起することを霊的世界から眺め、アラビア主義が根絶やしにされるのをともに体験したのです。このような人物が霊的世界を通過していき、ふたたび地上に受肉するとき、かつてと同様の魂の状態をもって現われるのがわかります。

ハールーン＝アッラシードはヨーロッパ精神史のなかにふたたび現われます。彼はフランシス・ベーコン卿（一五六一―一六一六年）としてふたたび現われたのです。わたしは、さまざまな関連からベーコン卿を取り扱ってきました。ハールーン＝アッラシードが周囲の人々に与えた実践的衝動を、抽象的な時代に生きたベーコン卿は抽象的な方法で諸学問に与えました。ハールーン＝アッラシードが天才たちを自分のまわりに集めて万能の人となっていたように、ベーコン卿も多才な人物として、背後から霊感を受けながら、活動することができました。

このような歴史のカルマ的関連を知って、ベーコン卿とその著作を考察すると、なぜ彼の著作がキリスト教的ではなくアラビア的なのか、その理由が見出されます。ベーコン卿の著作にはアラビア的なニュアンスが色濃く見出されます。多くの論議がなされるベーコン卿の性格についても、彼のなかに再受肉したハールーン＝アッラシードを見ることによって説明可能になります。ハールーン＝アッラシードの宮殿に躍動していたのは、文化生活の実践でした。それに対しては、カール大帝も頭を下げました。その生活実践が、ベーコン卿において、抽象的学問になりました。しかし、人々はふたたびベーコン卿に頭を下げました。八世紀、九世紀にヨーロッパ文化がハールーン＝アッラシードに対してどのような態度を取ったかを研究すると、「人々は、たんに向きを変えただけだ」という印象が得られます。ハールーン＝アッラシードの時代に、中部ヨーロッパの人々は東方を見、ついで西方のベーコン卿に目を向けたのです。

アラビア主義のように歴史からは外的に消え去ったものが、時代から時代へと個人に担われていくのです。アラビア主義の基本的気分は生きつづけているのです。つぎの人生が外的には前世と異なっているように、それらの人物によってもたらされるものもさまざまです。

歴史の本をひもとくと、西暦七一一年にヨーロッパと、スペインを越えて侵入してきたアラビア主義との対決において、特別重要な出来事が生じたのがわかります。アラビアの将帥ターリクがアフリカからやってきました。彼はジブラルタルにやってきました。ジブラルタル、「ジャバル・アッターリク」という地名は彼の名に由来するものです。ヘレス・デラ・フロンテラの戦いが七一一年におこなわれました。八世紀初頭における、アラビア主義のスペインへの進撃です。スペイン原住民の地に押し寄せてきたさまざまな民族のあいだで戦いが繰り広げられ、そこにアラビア人たちが突撃してきました。当時、スペインにはアラビア人の教養に対する大きな尊敬がありました。もちろん、ヨーロッパの人々は屈服したかったのではありません。しかし、アラビア人たちがもたらした文化は、のちにハールーン＝アッラシードの治下に輝く文化の雛型でした。ターリクのような人物には、アラビア主義において達成されたものを戦いのなかで発揮しようという心魂の姿勢がありました。この戦いがおこなわれた地域に、高度の文化が浸透していきました。外面的な芸術—学問に関しても、非常に多くのものがアラビア人によってスペインに植えつけられていきました。アラビア主義の名残りが、ヨーロッパの精神生活のなかに生きつづけています。スペイン史は、その役割を西ヨーロッパで演じることを、まもなくやめました。

まずスペインにおいて、そして西ヨーロッパにおいて戦果は左右し、スペインの反撃がありました。スピノザのような人物には、アラビア文化の深い影響が見られます。スピノザの源泉がアラビア主義にあることを洞察しないと、彼を理解することはできません。この流れはイギリスに広がっていきますが、そこで枯渇し、停止します。ヨーロッパとアラビア人との戦いを記述した歴史書を読むと、アラビア主義の流れが衰退していったのがわかります。しかし、歴史の表面下では、アラビア主義は枯渇しておらず、精神生活のなかで拡張をつづけたのです。戦いの嵐をスペインにもたらしたものを、歴史生成の底流において、ふたたびターリクが担います。アラビア人は戦場で敵を殺そうとしただけではなく、アラビア主義を広めようとしたのです。彼らは文化的課題を持っていたのです。死の扉を通過したターリクは、八世紀初頭にスペインにもたらしたものが外的―歴史的に西ヨーロッパ地方で枯渇したのを体験し、十九世紀に再受肉して、アラビア主義を近代的なかたちで出現させました。チャールズ・ダーウィン（一八〇九―一八八二年）です。

このような方法で、まったく異なったかたちのなかに存在する歴史の歩みを過去から現在へと追っていくと、単発的に見える歴史上のさまざまな事件に光を当てることができるようになります。

最初はつじつまが合わないように思われるかもしれませんが、具体的に事実を洞察していくと、つじつまが合っていくようになります。このような考察によって鋭くなったまなざしをダーウィンに向けてみると、「ダーウィンが発表した雷のような学説は、まさにターリクのヨーロッパへの進軍において見られたものである」ことが、明らかになります。

昔から中近東で非常に育成されたのは、占星術の形態を取った天文学でした。しかし、当時の占星術を、現代の占星術のようにディレッタントなものと同一視してはなりません。当時考えられていた宇宙の霊的構造を洞察しなければなりません。マホメット教徒であったアラビア人たちが、マホメットが建設した王朝をさまざまなかたちで継承したときに、占星術はまったく特別の刻印を帯びました。

九世紀、王宮がダマスカスからバクダッドへ移ったとき、ハールーン＝アッラシードの子、マームーンが統治していました。マームーンの統治下に、占星術はのちにディレッタントなものとなってヨーロッパで広められる方法で育成されたのがわかります。十字軍遠征によって占星術はヨーロッパにもたらされ、ひどく改悪されました。本来は、偉大なものだったのです。八一三年から八三三年までバクダッドに生きたマームーンのまわりに集まって、占星術―天文学を育成していた人々のなかに、マームーンが信頼していた人物がいました。歴史には彼の名前は知られていませんが、当時は非常に高く評価されていた人物で、大事な星占いをするときには、いつも彼に依頼されていました。このマームーンの宮殿の学者が星占いをした結果にしたがって、多くのことが社会生活において処理されました。

このバクダッドのマームーンの宮殿の学者の魂の歩みを追っていくと、近代の天文学者ピエール・シモン・ラプラス（一七四九―一八二七年）にいたります。ラプラスのなかに、カリフ・マームーンの宮殿で活躍した人物がふたたび現われたのです。

外的な歴史においてはアラビア主義が衰退したあと、大小の衝動をとおして精神的なかたちでアラビア主義の侵入はつづきました。

マホメットはメディナにマホメット教の本拠地を築きました。この王宮は、のちにはダマスカスに移されました。メディナの王宮はダマスカスに移され、ダマスカスから小アジアを通って、ヨーロッパの入り口、コンスタンチノープルへと、マホメットの後継者である戦士たちが押し寄せ、進軍と同時に、マホメット教文化を植え付けていきました。しかし、それは、ギリシアのマケドニアからアジアにむかってアリストテレス主義を伝えたアレキサンダー大王の道と混ざっていきました。

ここで、注目すべきことが生じます。ここでは、アラビア主義から押し寄せたものが、トルコ的なものの氾濫によってまったく消し去られているのです。十字軍は、残滓を見出しただけであって、躍動的な文化の流れを見出したのではありませんでした。トルコ主義がそのような文化を消し去ったのです。アフリカ・スペインを通って西洋へと伝播していったものは、いわば、文化・文明の休息のなかで繁殖していったのです。そこには、いつも結合点が見出されます。マームーンが集めた学者、ハールーン＝アッラシード、ターリクらは、死の扉を通過したあと、自分の魂のなかに担っているものを、自分が活動した地域に結びつける可能性を見出しました。ほかの運命衝動によって変化させられうるとしても、作用は残ります。変化がもたらされると、憧憬などとして作用します。しかし、アラビア主義による強固な決定論が信じられていたので、かつて戦争をとおして広めた衝動を精神的な方法で継続する可能性が提供されたとき、その精神的な流れをフランス、イギリスにもたらす可能性が生まれました。ラプラス、ダーウィン、ベーコンなど、多数の人物がこの流れに属しています。

しかし、ここではすべてが鈍くなりました。東方では、アラビア主義はごくわずかにヨーロッパの扉を叩いただけで、先に進むことはできませんでした。それらの地域で活動した人物たちは、死の扉を通過したあと、撃退され、進むことができない状態を体験しました。地上での彼らの事業は打ち砕かれました。それどころか、死と再受肉のあいだに、心魂のいとなみが麻痺しました。そこには、まったく興味深いものが存在します。

預言者が王宮をメディナからダマスカスに移して間もなく、預言者の後継者の兵士たちは撃退され、引き上げました。ここでは、西洋にむけての進軍のようになにかが達成されることはありませんでした。預言者の後継者のひとりが、六六一年にカリフになったムアウィアです。ダマスカスで統治した、預言者の後継者のひとりであるムアウィアの心魂のなかには、アラビア主義の一神教と、決定論が支配しており、それはしだいに宿命論になっていきました。しかし、当時、アジアに伝えられたギリシア精神、アリストテレス主義が、より神秘主義的、内的な方法で支配していました。ムアウィアは、一方では軍隊をコンスタンチノープルまで派遣し、他方ではアフリカにむけて進軍を試みたのですが、とくに大きな戦果はあげられませんでした。ムアウィアは考え深い人物でしたが、外的には多くのことを成し遂げられず、精神的な領域においても多くを成し遂げられませんでした。

彼の統治は、マホメットからそんなに隔たっているわけではありません。彼はアラビア主義の宗教要素としてのマホメット教のなかに完全に浸っていました。彼はマホメット教の代表者の一人でした。しかし、彼はマホメット教の硬直した宗教形態からはみ出し、宗教形態を脱し、学問的思考方法を身に付けていきました。

マホメットから一世紀後に現われたムアウィアは、もはやマホメットのように思考することのできない人物でした。ムアウィアはマホメットの刺激のみを有し、マホメット教本来の宗教的核心から脱してはいませんでしたが、マホメット教を論理的思考形態のなかに導き入れたのです。彼はなによりも、非常に熱心に西洋、ヨーロッパに進もうとした者たちに属していました。ムアウィアの下になされた進軍を追っていくと、「西洋への前進の意志は、非常に強い衝撃力と結びついており、ただ、それが鈍くなったのだ」ということがわかります。

このような人物が死の扉を通過すると、その衝撃力も生きつづけます。この人物がたどる道を追っていくと、「死と再受肉のあいだに、憧憬として残ったものの多くが、全世界を視野に収めた計画として、つぎの人生のために形成される。しかし、その計画は具体的な形をとらない。すべては鈍くなったので、具体的な形は取らないのである」という印象が得られます。

わたしは、いつも語るべきか、語るべきでないか、と自分に問いかけねばなりません。しかし、このようなことがらについて、たんに抽象的に語っても助けにならない、とわたしは考えるのです。具体的に語るために、さまざまな配慮を度外視しなければなりません。人智学が広まるためには、内的な霊的必然性がなくてはなりません。霊的必然性から自分のなかに刺激されるものに従うべきであって、外にむかう「日和見主義」に駆られてはなりません。日和見主義は人智《アントロポゾフィー》学協会を十分に害してきました。これからは、日和見主義に駆られてはなりません。

預言者の後継者ムアウィアが歴史の経過の底流のなかに進み、ふたたび現われるのを追っていくと、アメリカ大統領ウッドロー・ウィルソン（一八一三―一九二一年）が見出されます。

衝撃的な方法で、現在と過去が結びつきます。現在と過去が、突然結びつくのです。歴史の海のなかに、ムアウィアという波、ウッドロー・ウィルソンという波が立つのが見られます。海中を底流が進み、おなじ流れが現われるのです。

ある時代に生じたことがべつの時代へともたらされるのを見るときに、初めて歴史は理解できる、とわたしは考えます。ウィルソンの十四カ条の抽象的で凶暴な方法を、彼の魂の構成のなかに探求してみてください。そして、このような魂の構成を、マホメットの後継者以外の誰が持ちうるかを、考えてみてください。ムアウィアにおいてすでに形成されていた宿命論を、現代という抽象的な時代に移し入れて、マホメット教の「アラーがそれを啓示した。アラーが唯一の救いをもたらす」という思想と、十四ヵ条の提案者の言葉との類似性を感じてみてください。いくぶん割り引きされてはいますが、両者がほとんど一語一語一致することに、みなさまはお気づきになるでしょう。

わたしたちは人間を考察して、理念の再受肉について語ることができるのです。そうすることによって、歴史の歩みが初めて洞察できるのです。

第五講　ガリバルディ・レッシング・バイロン（謎の提示）

ここでおこなっているカルマ考察は、カルマ的関連の個々の具体例を取り上げてきましたが、それらはたんに個人のカルマの関連だけではなく、歴史の関連を判断するための材料を提供します。ですから、今日と明日、さらにいくつかの例を付け加えたいと思います。今日、準備的な話をして、明日、カルマ的に考察しましょう。

ある地上生とべつの地上生とのあいだの関連の考察は、本来つねに一定の兆候を基礎としており、一定の事実から出発して、具体的な関連を見出すにいたることがおわかりになったと思います。わたしは思い切った例を示して、そこに個々の手掛かりを探しました。

今日、さらにいくつかの例をお話しして、明日、その例をカルマ的に解いていこうと思います。

まず、わたしたちが抱きうる特別の興味を示唆したいと思います。歴史上の人物と、通常の人生を送っている人物を取り上げます。それらの人物がわたしたちのなかに引き起こす特別の興味は、人生の関連を探求する衝動をわたしたちに得させます。その人生の関連を正しく探求する者は、その関連を見出すことができます。わたしが述べてきた方法から、正しい探求が問題なのだということにお気づきになったと思います。

さて、冒険的な考察を思いとどまることなく、さらにつづけていきましょう。十九世紀のヨーロッパの歴史のなかに注目すべき仕方で登場したジョゼッペ・ガリバルディ（一八〇七—一八八二年）は、疑いなく興味深い人物です。今日は彼のことを準備的に考察して、いくつかのことをお話しし、その話から精神科学者が見出しうるカルマ的関連を明日お話しします。

ガリバルディは、十九世紀全体をまったく際立った意味深い方法で体験した人物です。彼は一八〇七年に生まれ、十九世紀後半にも傑出した働きをしました。このことがすでに、とくに十九世紀にとって特徴的な人間を表現しています。

この人物の精神的に本質的な特徴を考察してみると、つぎのようなことが見出されます。彼はニースの貧しい船乗りの家庭に生まれました。ふつうの教育が提供するものに対する興味はわずかしか持たない子どもでした。よい生徒ではありませんでしたが、さまざまな人間の要件にいきいきとした興味を持っていました。彼は学校の授業には注意をひかれず、方々でいろんなことを学び取ったのです。彼は教室の授業よりも、先生が生徒たちを海岸や森に連れていって、いろんなものを見せてくれるのを好んだのですが、興味を引かれる本が手に入ると、その本を手放すことができませんでした。地面に仰向けに寝そべって、おなかがすいたのも忘れて、本に没頭しました。

しかし、彼がもっとも興味を引かれたのは、世界そのものでした。彼は父親の仕事を手伝い、やがて独立して船乗りになりました。アドリア海を何度も航海し、十九世紀前半に可能だったことをすべておこないました。当時は、海上でも自由主義、民主主義が警察によって規定されていませんでした。人々は自由に活動していたのです。人々はしたいことができ、ガリバルディも三度か四度海賊に襲われ、囚われの身になったことがあります。しかし、彼には要領のいいところがあり、いつもすみやかに逃れました。

彼の伝記を物語るのではなく、明日の考察に必要な彼の特徴だけをお話ししているのですが、彼はいつも大きな世界のなかに生きて、育っていきました。自分の本質から世界に内的な関係を作り出すことができたとき、彼は特別いきいきした印象を得ました。あるとき、彼は父親に連れられてローマに行き、ローマからイタリアを考察しました。ローマからイタリアを考察したときに、なにか特別のものが彼の魂を通過したにちがいありません。彼は航海をして、いろんな人を知りました。それらの人々は非常に活気に満ちていましたが、時局にはあまり興味を持っていませんでした。人々が真の人間性ということに熱中しないので、彼はほとんど絶望しました。ガリバルディは情にもろく、真の人間性ということを若いころから重視していました。

ローマに上陸した際に、のちに彼がイタリア解放にあたって果たす役割りがヴィジョンのように彼の心に現われたにちがいありません。彼のような生活状況から十九世紀に容易になりえたもの、つまり狂信的な反カトリック的、反宗教的人物、狂信的な共和主義者に彼はなりました。自分が人類の幸福のためになしうることを、彼は実際におこなおうとしたのです。

彼は十九世紀前半にイタリアにあったさまざまな運動に参加しました。彼の名が初めて新聞に載ったのは、彼が三十歳ごろのことでした。当時は、自分の名前が新聞に出るのは、今日よりもずっと意味のあることでした。しかし、彼が自分の名を新聞で読んだのは、特別の運命だったのです。新聞には、彼の死刑判決が載っていたのです。彼が初めて自分の名を新聞で読んだのは、自分の死刑判決を告げる記事だったのです。これは特徴的なことではないでしょうか。だれもが、このような経験をするわけではないでしょう。

特徴的なことなのですが、当時すでに彼は解放運動に熱中していたのに、イタリアおよびヨーロッパの情勢を把握していませんでした。彼は運命によってアメリカに行き、一八四八年までアメリカでさまざまな解放運動に参加しました。しかし、彼は注目すべき、個体的な特徴を持った人間でした。さきに述べたように彼の人生には、新聞で自分の死刑判決を知るという、非常に風変わりな特徴が見られます。そのほかにも彼は、人があまり経験しないことを体験しました。彼は人生の伴侶となる女性を、変わった方法で知りました。海上から望遠鏡で陸地を見ていたとき、彼はその女性を見つけたのです。望遠鏡をとおして恋に落ちるというのは、多くの人が経験することではないでしょう。

望遠鏡をとおして、一目で自分の妻になるべき人だと思った女性に、彼は間もなく実際に出会うことができました。彼は望遠鏡で見た方向に急いで船を進めて上陸したところ、ある男性に昼食に招待されました。彼を招待したのは、彼が望遠鏡で見た女性の父親だったのです。その女性はポルトガル語しか話せませんでした。ガリバルディはイタリア語しか話せませんでした。しかし、これは彼の伝記に書かれていることですが、彼がイタリア語でした「ぼくたちは一生、いっしょにいるべきだ」という愛の告白を、そのポルトガル語しかできない女性はただちに理解しました。そして、事実、彼らは長い人生の伴侶となったのです。

この人物は恐ろしく冒険的な旅をして南アメリカまで行き、恐ろしい体験をいくつもしました。たとえば、ガリバルディは戦いで死んだという噂が広まりました。彼の妻は戦場を駆け回り、死体をひとつずつ見て、ガリバルディかどうか確かめました。そして、冒険をおかして長いあいだ探し回ったすえ、生きている彼を見つけました。

しかし、ほんとうに驚くのは、この女性が長いあいだガリバルディを探し求めて冒険的な旅をしていたとき、だれの助けもなしに子どもを生んだことです。彼女は長いあいだ、首から胸にバンドをして、赤ん坊をくくりつけていました。ガリバルディのアメリカにおける活動に、すでに衝撃的な特徴が現われています。

十九世紀中葉に、ヨーロッパのさまざまな民族が自由への衝動を抱きました。ガリバルディはもはやアメリカにとどまっておらず、祖国に帰ってきました。いかに彼が困難な状況下に、熱心に、活発に義勇軍をとおしてイタリアに貢献したかが、かなり広く知られていました。彼はイタリアに貢献したというだけではなく、イタリアの本来の建国者でした。

彼の人生、彼の性格に、ある特徴がとくに強く現われています。彼はあらゆる点で自主独立の人間であり、いつも素朴に、あらゆる人生の状況のなかで気高く考え、自分の内面から溢れ出る衝動のみを気にかけました。イタリア統一、イタリア解放は彼によって成し遂げられたのに、彼がヴィットーリオ・エマヌエーレの王朝をイタリア王国にするためにあらゆることをおこなったのは、非常に奇妙なことです。彼がナポリ、シチリアを比較的小人数の、規律のない、しかし熱狂した部隊によって征服したこと、イタリアの国王はガリバルディが征服した地域に入城しさえすればよかったこと、王家とその周辺はガリバルディがおこなったことを正しく評価しなかったことなどは、わたしたちに深い印象を与えます。平凡な表現をすれば、「サルディニア王国は、ガリバルディにいくら感謝してもしたりない。しかし、サルディニア王国は、ガリバルディに感謝しなかった。サルディニア王国はガリバルディに対して、たんに儀礼上必要な挨拶をしただけだった」と、いわねばなりません。

たとえば、ナポリ入城にあたってです。ガリバルディは王家のためにナポリを征服し、ナポリの人々からは解放者と見なされて、彼が現われると、いたるところで歓喜の嵐が起こりました。ガリバルディの活躍がなければ、イタリア王がナポリに入城できたとは考えられません。ガリバルディなしに、イタリア王がナポリに入れたとは、まったく考えられません。しかし、王の顧問たちは、それに反対の決定をしました。たしかに、顧問というのは近視眼的な見方をよくするものです。しかし、ヴィットーリオ・エマヌエーレが本能的な判断によって、赤シャツ姿のガリバルディを隣に従えてナポリに入ってこなかったなら、口笛でやじられて追い返されていたことでしょう。人々の歓声はイタリア王ではなく、ガリバルディに向けられたものだったのです。ヴィットーリオ・エマヌエーレがガリバルディを伴わないでナポリに来ていたら、民衆に追い出されていたことは確かです。

各地で、このような状態でした。イタリア中部では、ガリバルディがすべての進軍を取り仕切ったのです。王の軍隊がやってきたのはあまりにも遅く、すでにガリバルディがすべて片を付けたあとでした。しかし、勲章をたくさん付けた王の軍隊がやってきて、勲章もなく服装も地味なガリバルディ軍に出会ったとき、王の軍勢は、「こんな者たちといっしょに行進することはできない。そんなことは不可能だ」と、いいました。しかし、ヴィットーリオ・エマヌエーレには本能的な直感力がありました。彼はガリバルディを自分のかたわらに呼び寄せ、ガリバルディを馬鹿にしていた王軍の兵士たちはガリバルディの軍勢とならんで行進しなければなりませんでした。王軍の戦士たちはひどく気分が悪くなり、胃痙攣を起こしそうになりました。しかし、そうするよりほかに方法がなかったのです。ある町に入ったときには、すべてを取り仕切ったガリバルディはしんがりを務めて、ずっとうしろのほうにいなければならず、王軍が先頭に立って行進しました。なにもしなかった者たちが先頭を切って町に入り、ガリバルディとその軍勢は彼らのあとにつづいて進んだのです。

本質的なのは、このような注目すべき連鎖です。この運命の連鎖に、カルマ的関連へと導くものを見なければなりません。自分が死刑の判決を受けたのを新聞で読んだり、妻となる人を望遠鏡で発見したりすることは、本来、人間の自由と不自由に直接かかわることではありません。そのようなことは、人間の自由とならぶ、運命の関連です。これらのことが、カルマの本質を実践的に研究するための大きな刺激となる運命の連鎖であることは確かです。

このような人物においては、人生の枝葉末節も特徴的なものです。このような人物の場合、枝葉末節のことがらもほんとうに強烈なものです。ガリバルディは美男でした。彼のヴェネツィアン・ブロンドの髪は美しく、彼は非常な美男でした。彼の髪はカールしたヴェネツィアン・ブロンドで、女たちから大変好まれました。彼が望遠鏡で発見した女性は、さきほどお話しした特徴から、最良の、献身的な女性だったことがわかります。しかし、彼女には嫉妬深いところもありました。彼女は嫉妬することがなかったということはできません。

激しく嫉妬されたとき、ガリバルディはどうしたでしょうか。彼は美しい金髪をばっさり切って、坊主頭にしました。彼がまだアメリカにいたころです。これらは、運命の必然性が人生にどのように入ってくるかを示す特徴です。

ガリバルディはイタリアでの行動によって、ヨーロッパの偉人となりました。イタリアの町々を旅すると、いたるところでガリバルディ記念碑に出会います。ヨーロッパでは、イタリア以外でもガリバルディに大きな興味が持たれ、人々がガリバルディに傾倒した時代がありました。ケルンでもマインツでも、女性たちはガリバルディ・ファンであることを示す赤いブラウスを着ました。そして、ロンドン中に赤いブラウスが流行しました。

興味深いことに、一八七〇年、普仏戦争がはじまったとき、年老いたガリバルディはフランスに与しました。興味深いことに彼は、わが身に代えても国旗を守ろうとしたドイツ軍の群れからドイツ国旗を奪った唯一の人物でした。ガリバルディがドイツ国旗を奪ったのです。しかし、わが身に代えて国旗を守ろうとした兵士たちに敬意をあらわして、彼はその国旗を返したのです。もちろん、彼の行為は、会議の席で嘲られました。

興味深い人生というだけではなく、非常に特徴的な方法で、彼は十九世紀における偉人たちから抜きん出ていました。彼ほど自然に、簡単に、単純に、天才的な衝動から活動した者はほかにいません。大部隊を指揮したり、正規の活動をできた軍人はいるでしょうが、彼ほど自然に自由への戦いに熱中した人物は、十九世紀という、すでに唯物論が浸透していた時代には、ほかにいませんでした。

ガリバルディが、今日お話ししたかった第一の人物です。今日お話ししたさまざまな謎は、明日解いていこうと思います。

第二に取り上げたいのは、みなさまがよくご存じの人物です。この人物はカルマ研究に関して、非常に興味深い人物です。ゴットホルト・エフライム・レッシング（一七二九—一七八一年）です。

わたしは、レッシングの人生にいつも大きな興味を覚えてきました。レッシングは実質のある、なにかをおこなおうとするジャーナリズムの創始者です。

レッシング以前は、庶民とはかけ離れたものが詩や劇の題材になっていました。レッシングは市民生活をドラマにし、社会的に地位のある人物の運命ではなく、ただの人間の運命を描こうと努力しました。純粋に人間的な葛藤を、彼は舞台にかけようとしたのです。彼は『ラオコーン』で絵画と詩の境界を確定しようと試みるなど、多くの大問題に取り組みました。しかし、もっとも興味深いのは、レッシングが力強く寛容の理念を擁護したことです。彼の『賢者ナータン』を読んでみるだけで十分です。レッシングのなかには寛容の理念が生きていました。『賢者ナータン』の三つの指輪の寓話では、三大宗教が本来の姿から逸脱したさまが語られています。三大宗教は真正のものではなく、失われた真正の宗教を探し求めねばならない、と語られています。このように、寛容の精神が非常に深い理念と結びついています。

フリーメーソンの会話『エルンストとファルク』や、その他のフリーメーソンに由来する彼の作品は興味深いものです。宗教史家として、宗教生活の批評家としてレッシングがおこなったことは、十八世紀においては衝撃的なものでした。レッシングの人格を心に思い描いてみる必要があります。

レッシング研究の決定版とされているエーリッヒ・シュミットによる二巻本の『レッシ

ングの生涯と作品』を読むと、レッシングの人格を心に思い描くことはできません。その本にはレッシングが描かれているのではなく、操り人形のような人物が描かれており、その人物が『賢者ナータン』や『ラオコーン』を書いたと述べられています。このような伝記は、たんなる主張にすぎません。その他のレッシングの伝記も、同様の方法で著述されています。

敵対者を攻撃するためにレッシングが書き飛ばした文章の力に注目すると、レッシングについてのおおよその印象を得ることができます。彼は中部ヨーロッパ文明を高尚に論駁しました。それは、あらゆるものに該当するものでした。彼の人生を洞察しようとするなら、彼の性格の独特のニュアンスに注目しなければなりません。たとえば『ハンブルク演劇論』のような著作に見られる痛烈な鋭さのセンスを知っている者は、子どもが生まれて間もなく死んだときにレッシングが書いた手紙にいたる道を容易に見出すことができません。しかし、レッシングを理解するためには、その道を見出さねばなりません。およそ、つぎのように彼は書いています。「あの子は生まれるとすぐに、この苦悩の世に別れを告げました。ですから、あの子は、人間にできる最良のことをおこなったのです」。

言葉どおりではありませんが、大体このように彼は書いています。彼は思い切った方法で悲しみを表現しているのです。大胆な方法ではありますが、彼の悲しみは深かったのです。彼は悲しみのなかで自分のなかに引きこもることができ、悲しみをこのような方法で表現したと同時に、敵対者を論駁し、突き飛ばしたのでした。そのために、彼が生まれたばかりの子どもを失い、妻が重病の床についたときに書いた手紙は悲痛なものなのです。

彼のカルマ的関連を探求しようとするときに特徴的なのですが、彼はベルリンで、あらゆる面において彼とは反対の性格の人物である文筆家クリストフ・フリードリッヒ・ニコライと友情を結ぶという、注目すべき運命を持ちました。

真実かどうかはべつとして、彼の悟性は非常に鋭かったので、彼は夢を見たことがないといわれているのは特徴的なことです。ですから、彼は霊探究者にとって非常に意味深い人物なのです。彼の精神的関連は、明日洞察することにします。レッシングの場合、文章の輪郭のなかの個々の文章が魅惑的であり、敵対者に対して的を外すことがありません。ニコライは、その反対でした。ニコライは典型的な俗物でした。ニコライはレッシングと友情を結びはしたものの、風変わりな俗物で、奇妙なヴィジョンを持っていました。

天才レッシングは幻を見たことも、夢を見たこともありませんでした。俗物ニコライは幻影に悩まされていました。吸血鬼に襲われるという幻影が何度も現われました。霊界から繰り返し、吸血鬼が俗物ニコライを襲ってくるのでした。

フィヒテはニコライについて、『フリードリッヒ・ニコライの生涯と風変わりな意見』という非常に興味深い論文を書いています。フィヒテは、ニコライのなかにドイツ的俗物根性が兆候的に現われていると見たのです。とはいえ、ニコライはレッシングの友人でした。

そのほかにも、レッシングには非常に変わった特徴があります。レッシングは自分の世界観を構築するにあたって、スピノザとライプニッツの哲学に取り組みました。脇道にそれますが、いくつかの本を読むと、レッシングがライプニッツ主義者であったことが明らかであり、ほかの本を読むと、彼がスピノザ主義者であったことが明らかです。ライプニッツとスピノザは対峙しています。明敏なレッシングがライプニッツ主義者なのかスピノザ主義者なのか、区別することができません。ライプニッツとスピノザは正反対の立場に立っているのです。スピノザは汎神論的――一元論的ですし、ライプニッツはモナド論、つまり完全に個体的です。しかし、レッシングがライプニッツ主義者だったのかスピノザ主義者だったのか、区別できません。この点では、レッシングに決定的な判断を下すことができないのです。

レッシングは晩年に、『人類の教育』という注目すべき本を書きました。その本の最後に、唐突に輪廻転生の思想が現われています。この本には人類の教育について、人間が文明の進化のさまざまな時期を通過してきたことが述べられています。「神々が人類に最初の書『旧約聖書』を与え、ついで第二の書『新約聖書』を与え、将来、第三の書が人類の教育のために現われるだろう」と、彼は述べています。

そして、この本の最後には、人間は輪廻転生する、と手短に述べられています。レッシングの性格がよく現われた方法で、「輪廻転生の思想は、人類がまだ机上の知識によって駄目になっていない昔に出現したから、不合理なものなのだろうか」と、いっています。ついで、レッシングは輪廻転生を称賛し、人間が地上生から地上生へと歩んでいくことを示唆し、「永遠は、わたしのものではないか」という美しい言葉でこの本を終わっています。

レッシングを非常に高く評価しながら、『人類の教育』には手を出さない人々が大勢います。それらの人々がどのような魂の状態にあるのか、理解できません。彼らはレッシングを高く評価しつつ、彼が円熟期に書いたものを拒絶するのです。「彼は年老いた。もう、彼についていくことができない」と、彼らはいいます。このような方法で、すべてが片づけられるのです。

しかし、レッシングが円熟期に書いたこの本を認めない人は、レッシングを認める権利がありません。レッシングに、輪廻転生の思想を認めないことは不可能です。

このような人物のカルマ、このような人物の地上生から地上生への歩みは非常に興味深いものであることがおわかりになると思います。十八世紀後半のヨーロッパでは、輪廻転生の思想は一般的な思想ではありませんでした。輪廻転生の思想はレッシングによって、天才的な理念として、突然ひらめいたのです。レッシングは高年になって輪廻転生の思想をどこからか学んだのだ、ということはできません。「自分の周囲には知られていなかった輪廻転生の思想を、ある年齢になって突然持つようになった人物の前世はどのようなものだったのか。過去には輪廻転生の思想があったと示唆した人物の前世はどのようなものだったのか」と問うことが、わたしたちの課題です。レッシングの通常の表面意識は前世についてなにも予感していなかったのですが、内的な感情の根拠から、自分の地上生がはるかな過去につながっていると感じたのです。人が知らない事柄があるものです。もし、多くの人が知っていることのみが存在するなら、世界は非常に乏しいものだったでしょう。

これが、カルマ的関連に関してわたしたちが取り組むべき第二の問いです。

第三の人物を取り上げて具体的な状況を述べると、カルマ的関連について、とくに教えられるところが多いはずです。わたしは若いころ、何人かの先生から授業を受けましたが、そのなかのひとり、ゲオルグ・コザック（一八三六―一八七二年）を取り上げて、カルマ研究にとって意味深い特徴をお話ししてみようと思います。

つぎのような方法で、この人物のカルマ研究へと、わたしは導かれたのです。このような話をするのはずいぶん大胆なことなのですが、人智学から発する精神生活の関連においては、このような思い切ったことを避けることができないと思います。

これからみなさまにお話しすることは、十八歳までわたしが授業を受けた、わたしがとても好きだったコザック先生をもう見なくなったあと数年経ってから、はじめてわたしに明らかになったことがらです。わたしはいつも彼の人生を追っていて、彼はずっとわたしの近くにいたのです。わたしは人生のある時期に、彼の人生を追っていく動機を持ったのです。

わたしは、あるとき、バイロン卿（一七八八―一八二四年）の人生にたいへん興味を持つようになりました。そのころ、わたしはたいへんなバイロン卿ファンたちと知り合いました。女流詩人マリー・オイゲニー・デレ・グラツィエも、そのひとりでした。彼女は、ある時期、バイロン卿ファンでした。

そのほかに、オイゲン・ハインリッヒ・シュミットという変わった人物もバイロン卿ファンでした。彼には、さまざまな特徴が奇妙に混ざり合っていました。彼は、わたしといっしょにベルリンで『文芸雑誌』の仕事をしていた人物です。

オイゲン・ハインリッヒ・シュミットはまず、一八八〇年代にウィーンで有名になりました。そのころ、わたしは彼と知り合いました。彼はベルリンのヘーゲル協会が募集した懸賞論文に応募して入賞したのです。彼は背が高く、痩せていました。彼は熱中するタイプでした。そして、熱中しているのを見せびらかすところがあり、それが外面的におおげさな形を取ることがありました。彼はバイロン卿について、熱狂的な論文を書いたところでした。それで、わたしは彼を喜ばせてやろうと思って、バイロン卿ファンのマリー・オイゲニー・デレ・グラツィエのサロンに連れていきました。そうしたら、恐ろしく熱狂的なバイロン論が展開されました。ほかの人々は、みんな黙って座っていました。常連の、ウィーン大学のカトリック学部の神学者たちも大勢来ていました。わたしたちは、みんな黙っていたのです。オイゲン・ハインリッヒ・シュミットとマリー・オイゲニー・デレ・グラツィエの二人が、バイロンについて論じ合っていました。マリー・オイゲニー・デレ・グラッツィエは長椅子に座り、オイゲン・ハインリッヒ・シュミットはすさまじい身振りで話していました。突然、彼の椅子がひっくりかえり、彼はテーブルの下に転げ落ちました。彼の足は、マリー・オイゲニー・デレ・グラッツィエのところまで滑りました。みんなは、びっくりしました。しかし、このショックによって、わたしにはあることが明らかになりました。そこでバイロンについて語られたことすべてから、わたしはバイロンのカルマ的関連について知りたいという欲求を感じたのです。それは、もちろん、容易なことではありません。オイゲン・ハインリッヒ・シュミットの足は無作法なことになったのですが、この情景がわたしにバイロンの足を思い出させました。バイロンは内反足で、足を引きずって歩いていました。そして、わたしは、「わたしの好きだったコザック先生も、そんな足をしていた。カルマ的関連を調べなくては」と、思ったのです。

エドゥアルト・フォン・ハルトマンについてお話ししたとき、彼が膝を痛めたことをお話しし、そのようなことが前世を知る手がかりになる、といいました。バイロンとおなじように内反足だった、わたしが好きだった先生の運命を、わたしは思い浮かべました。しかし、この二人は内反足という注目に値する特徴以外は、まったく異なっていました。バイロンは天才で、冒険を好む性格でした。コザック先生は傑出した幾何学者で、教師としては珍しく、彼の幾何学的なファンタジーと画法幾何学の取り扱い方は、ほんとうに驚くべきものでした。

つまり、内反足という身体上の特徴は共通していながら、心魂的にはまったく異なった二人の人物を、わたしは思い浮かべたのです。そして、内反足という身体上の特徴によって、バイロンとわたしの幾何学の先生との関係を取り扱い、問題を解くことができたのです。

今日は、三人の人物についてお話ししました。明日、彼らをカルマ的に考察していきましょう。

第六講　ガリバルディ・レッシング・バイロン・ヘッケル（解明の試み）

昨日はガリバルディ、レッシング、バイロンという三人の人物を取り上げました。外的な面だけでも確認できるように、有名な人物たちを選んだのです。精神科学探究者がカルマ的関連を追究する手がかりとなる点が得られるよう、有名人を選んだのです。これらの人物を選んだのは、つぎのような問題を考えるためです。

昔は、高度の叡智を持った秘儀参入者たちがいました。「人間が輪廻転生するなら、かつての秘儀参入者たちは、どこに生まれ変わっているのか。生まれ変わった、かつての秘儀参入者は、現在どこに見出されるのか」という問いが生じます。

この問いを考えるために、わたしはガリバルディ、レッシング、バイロンの三人を取り上げたのです。昨日、イタリア解放の英雄ガリバルディの生涯をお話ししました。昨日の話を聞き、この人物のスケールの大きさを知ると、この人物に多くの謎があるのがわかり、意味深い問いがいくつも生じることと思います。

昨日お話ししたように、望遠鏡で妻となる人を発見するとか、新聞に初めて載ったのが自分の死刑判決の記事だったとか、彼には愉快な面があります。目を見張るようなことが、ガリバルディにはまだあります。彼が望遠鏡で見つけた女性は人生の長い伴侶となり、昨日お話ししたように、英雄的に彼を助けました。やがて、この女性は死に、ガリバルディは再婚しますが、今度の相手は望遠鏡で見つけたわけではありません。ガリバルディといえども、そのようなことは生涯に一度しかないのです。二度目の結婚は市民的なものでしたが、今度の結婚は一日しかつづきませんでした。ガリバルディの市民社会に対する関係が、ここから見て取れます。

わたしがお話ししていることがらは、神秘学的探究にとって、前世へとさかのぼる手がかりを与えるものです。しかし、なによりも大きな問いとして現われるものが、もうひとつあります。

ガリバルディは本質的に、完全に共和主義者でした。しかし、イタリアを解放した彼は、イタリアを共和国にせず、ヴィットーリオ・エマヌエーレが統治する王国にしました。これは非常に驚くべきことです。ガリバルディの全体像を知り、このことを見ると、非常に驚きます。

一方では、ヴィットーリオ・エマヌエーレが国王として、解放されたイタリアの頂点に立ちました。他方では、ガリバルディに結びついていたジョゼッペ・マッツィーニがイタリア共和国を作ろうとしました。

つぎのような関連を見ないと、ガリバルディのカルマを解くことはできません。ガリバルディは一八〇七年、ニースで生まれました。その前後に、ガリバルディが生まれたところから二平方マイルほどのところに、三人の男が生まれました。この四人はヨーロッパの状況に関与する人生を送ることになります。十九世紀初頭に、ニースでガリバルディが生まれました。そこから遠くないジェノヴァで、マッツィーニが一八〇五年に生まれました。そして、また程遠からぬトリノで、カヴールが一八一〇年に生まれました。そして、また程遠からぬサヴォイア家からヴィットーリオ・エマヌエーレが一八二〇年に生まれました。彼らの生まれた時期と場所は、たがいに近いのです。彼らはおなじ見解を有していたわけではありませんが、この四人が近代イタリアを築いたのです。

外的な歴史の経過からも、「この四人は世界のために共通の運命を担った」ということがわかります。

彼らのうちでもっとも重要なのは、ガリバルディです。ガリバルディの精神は、激しい現われ方をしました。マッツィーニの知性は哲学的であり、カヴールの知性は法学的でした。ガリバルディの全体像を見ると、彼の精神は激しい現われ方をしており、容易に心理学的に語ることはできません。

「かつての秘儀参入者はどこにいるのか」という問いに戻りましょう。秘儀参入者はいない、といわれるかもしれません。逆説的な言い方になりますが、もし今日、魂が霊的世界から十七、八歳の身体に下り、今日の学校教育を受けないですんだら、秘儀参入者が現われることができます。古代の叡智を、今日の文明のなかで十七、八歳まで育てられてきた身体のなかに出現させるのは不可能なのです。世界のどこでも、不可能です。すくなくとも、文明のあるところでは不可能です。今日の学者の視野には入らないことを、考察しなければなりません。

今日のように、六、七歳で読み書きを習わねばならないと、それは特性を発展させようとしている魂を拷問にかけていることになります。『自伝』にも書きましたが、わたしが今日あるのは、十二歳になるまで正しく書くことができなかったからです。今日のように子どもに読み書きを教えると、その子の特性を殺すことになります。

これは真実なのです。過去の高度に進化した人間の生まれ変わりを認識するには、今日の文明をとおして、その人物の本性がその人物のなかよりも、その人物の背後に現われていることを知らねばなりません。

この点で、ガリバルディはまさに決定的な例なのです。カヴールも含めて、文明人はガリバルディをどのように見ていたでしょうか。ガリバルディは頭のいかれた奴だ、と思われていたのです。ガリバルディとは理性的な話し合いはできない、と見られていたのです。今日の文明のとりこになっている人々にむかって彼が話した方法は、非論理的なものでした。この人物は、外から見ても、非論理的でした。多くのものが、彼には似合っていませんでした。

人物の背後を見ることのできる者だけが、前世においてその人物の身体のなかにあることのできたものを見ることができ、そのような人物の本来の姿について表象を形成することができます。現代文明は、高い叡知が身体のなかに入るのを不可能にしています。それらの人物においてもっとも重要なものは、外的に現われたものの背後にあるのです。学歴を自慢するようなしたたかな俗物に関しては、その道徳的―精神的なありようを写真に撮るように眺めることができます。しかし、古代から豊富な叡智の魂をたずさえてきた人間の場合、この魂はみずからを身体のなかに現わすことができません。そのような人物に関しては、身体から発する今日の文明の手段によって判断を下すことはできません。ガリバルディに関して、そのような判断を下すことはできません。ある種の心霊写真のように、背後に霊が写っているように受け取らねばなりません。市民的な姿を取っている人物の背後に、身体に入ることのできない霊的なものを見なければなりません。

わたしがお話ししたことを考慮すると、ガリバルディに向けられたまなざしは、ある秘儀参入者の人生へとさかのぼっていきます。その秘儀参入者の魂は身体には完全に入ることができなかったので、外的には別様の現われ方をしました。わたしがお話しした彼の特徴を考慮すると、このことがとくに驚くべきこととは思われないでしょう。望遠鏡で結婚相手を見つけるというようなことは、今日の教育を受けた者には疎遠なことで、現実離れしたことです。このような特性のなかには、通常の市民関係を超えるものが示されています。

ガリバルディをカルマ的に考察すると、アイルランドの秘儀参入者の人生へとさかのぼっていきます。わたしは『秘儀の形成』で、アイルランドから発した、アイルランドの秘儀について語りました。しかし、ガリバルディの前世はエルザス（アルザス）に探さねばなりません。九世紀のエルザスに、秘儀参入者ガリバルディを見出すことができるのです。そして、九世紀における受肉と十九世紀における受肉とのあいだには、おそらく彼は一度も地上に受肉していないはずです。彼は長期間、霊的世界に滞在していたのです。

この人物は高度の段階のアイルランドの叡智を有していました。彼は最初、アイルランド島の秘儀の地で修行者の指導に当たっており、その後、ヨーロッパに渡ってきたのです。

かつてはアイルランドに秘儀参入者が活動していた領域がありました。それが十九世紀の文化のなかに反射し、十九世紀の文化の観点の下に発展したのです。かつて哲学者、詩人、芸術家として活躍した人物が、ふたたび哲学者、詩人、芸術家として現代に現われると思ってはなりません。時代の状況によって、その人物の個体は変化しません。個体は地上生から地上生へと進んでいきます。しかし、その個体がどのような方法で生きるかは、時代の状況に拠るのです。例を、ひとつあげてみます。

エルンスト・ヘッケル（一八三四―一九一九年）も有名な人物です。エルンスト・ヘッケルは、唯物論的一元論の熱狂的な代表者として知られています。彼の熱狂は狂信的といううべき段階に達しているということもできます。彼のことはよく知られているので、彼の性格をここで述べる必要はないでしょう。彼の前世へとさかのぼっていくと、法王グレゴリウス七世となった僧ヒルデブラントの姿が見出されます。

この例をあげたのは、おなじ個体が時代の文化状況によって、いかに異なったふうに外に自分を現わすかを明らかにするためです。唯物論的一元論の代表者が、法王グレゴリウス七世であったことを見抜くのは容易ではありません。しかし、物質界の外的な文明の手段については、人が考えるよりも、霊的世界はずっとわずかしか問題にしません。ヘッケルの人格とヒルデブラントの人格の背後には、共通のものが見られます。ヒルデブラントはカトリックの権力を極端に強め、ヘッケルはカトリックに対して極端に戦いました。霊的世界においては、物質界においてのみ意味を持つことがらよりも、まったくべつの人間的背景が問題なのです。ですから、ガリバルディのなかに、九世紀の秘儀参入者を見ることができても、驚くことはないのです。その秘儀参入者が十九世紀には、十九世紀においてのみ現われうる方法で現われたのです。人間がこの世界に登場する方法にとって重要なのは、その人間がどのような気質、どのような性格の特徴をもって現われるかということなのです。

前世におけるガリバルディの心魂の内容が十九世紀に、ガリバルディの気質をもって現われていたなら、彼は十九世紀の人々にとっては、ほとんど気狂いだと思われたことでしょう。外的な人生のなかで彼がなりうるものに、彼はなったのです。

ある方向にまなざしを向けると、その他のカルマ的関連がすぐさま解明されます。ガリバルディとほぼ同時代に、ガリバルディの生地の近郊で生まれた三人の人物は、前世においてガリバルディの弟子だったのです。この三人の弟子は、あらゆる方角から集まってきたのでした。ひとりははるかな北方から、もうひとりははるかな東方から、三人目ははるかな西方からやってきたのです。前世におけるガリバルディの弟子は、あらゆる地方から集まってきたのでした。

アイルランドの秘儀においては、ある秘儀参入の段階において特定の義務がありました。その義務というのは、秘儀に参入した者ははるかな地上生において弟子たちを招集し、弟子たちを捨ててはならないというものです。弟子たちがカルマ的関連によってその秘儀参入者とおなじ時代に地上に生まれたなら、それは、その秘儀参入者が弟子たちとともに運命を体験しなければならないということであり、弟子たちのカルマを彼のカルマとともに考慮しなければならないということです。もしヴィットーリオ・エマヌエーレが前世でガリバルディの弟子でなければ、ガリバルディは共和主義者としてイタリア共和国を作っていたことでしょう。しかし、このような抽象的原則の背後に、地上生から地上生へと進む現実の人生があります。その背後に、弟子に対する秘儀参入者の義務があるのです。ですから、そのような矛盾が生じたのです。そのような義務がなければ、ガリバルディは十九世紀に見出した概念、理念にしたがって、もちろん共和主義者になっていたことでしょう。彼はどのようになるべきだったのでしょうか。わたしは、領主に忠実な共和主義者をたくさん知っています。彼らは内面において共和主義者なのです。わたしが少年だった十九世紀のある時期においては、理性的な人はすべて共和主義者でした。彼らは、「わたしたちはもちろん共和主義者だ。だが、それはおおやけにいうことはできないのだ」と、いっていました。内的には、みな共和主義者だったのです。ガリバルディは外にむかっても、自分が共和主義者であることを示しました。しかし、彼はそれを最後まで貫徹することができなかったのです。ガリバルディに熱狂した人々は、彼がなぜ最後まで共和主義を押し通すことができなかったのか、理解できませんでした。ガリバルディには、自分とカルマ的に結ばれているヴィットーリオ・エマヌエーレを捨てることができなかったのです。彼はヴィットーリオ・エマヌエーレを助けなければならなかったのです。ヴィットーリオ・エマヌエーレを助けるためにガリバルディがおこなえたのは、彼を国王にすることだけだったのです。

カヴールとマッツィーニに関しても同様です。この二人もガリバルディとカルマ的に結びついており、ガリバルディにできたのは、この二人が課題を成し遂げるのを助けることだけでした。ガリバルディは四人すべてに由来することのみを果たすことができたのです。彼は、たんに自分の方針を貫くことはできなかったのです。

このような深く重要な事実から、人生のなかで遭遇する多くのことが、隠された背後から解明されることがおわかりになると思います。

人生のある時期に不可解なことをおこなう人物を、みなさまはご存じではないでしょうか。みなさまが予期していなかった行為を、その人物はおこないます。その行為は、その人物の性格から説明することができません。その人物が自分の性格にしたがっていたなら、もっとべつのことをおこなったはずです。ガリバルディについてお話ししたように、その人物のかたわらにはカルマ的に結びついたべつの人物が生きているのです。そのために、その人物は、みなさまには不可解なことをするのです。人生は、このような隠れた底層から解明されるのです。わたしたちはガリバルディから、アイルランドの秘儀へとさかのぼります。霊的なものから見ると、外的な地上生のなかに現われるものは幻影なのです。

通常の人生で出会う多くの人々の個体を見て、そこから知りうることをその人々に語ると、彼らは非常に不思議がります。ある人物の言明は、とくに現代においては、いま述べた理由によって、前世に応じたものではないからです。このことのなかに、多くの秘密が含まれています。

きのう取り上げた第二の人物はレッシングです。彼は晩年になって輪廻転生の思想を持ちました。彼の場合、ギリシアの密儀が盛んだった古代ギリシアへとさかのぼらねばなりません。当時、レッシングは秘儀参入者でした。彼もまた、十八世紀には、完全に身体のなかに下ることができませんでした。古代ギリシアにおける地上生を、彼は十三世紀にドミニコ会修道士として、傑出したスコラ学者として繰り返し、鋭い概念を身に付けました。そして十八世紀に、最初のジャーナリストとして中部ヨーロッパに生まれたのです。

寛容のドラマ『賢者ナータン』、『ハンブルク演劇論』、『人類の教育』は、この人物が古代ギリシアの秘儀参入者、中世におけるアリストテレス主義的スコラ学者、そして、それらを自分の魂のなかに担って十八世紀の文明のなかで育ったレッシングという三つの人生を前提とすることによってのみ理解できます。レッシングの美しい論文『古代人はいかに死を学んだか』を読んでみてください。わたしがお話ししたことに注目してもらうと、非常に奇妙な事実が明らかになります。

注目すべきなのは、レッシングの人生が探求の人生であったように思われることです。この性格、彼の精神的本質の性格を、彼はつぎのような、いつも引用される有名な発言によって表現しました。「もし神が右手にすべての真理を持ち、左手に真理への永遠の努力を持っているなら、わたしはひざまずいて、『父よ、左手に持っていらっしゃるものを、わたしにください』というだろう」。これは、なにか確固としたものにむけて努力することを好まない俗物たちが引用しているものなので、俗物的な引用です。

俗物が引用するのを聞いたら、なんてひどいことだ、とレッシングはいうでしょう。しかし、重要なのは、彼の人生が猛烈な探求の人生であったことです。もし誠実なら、「レッシングの文章の多くに、読者はつまずく。とくに、天才的な文章がひっかかる。レッシングが文学史において大作家とされているので、つまずかないだけなのだ。実際には、読者はつまずいている。あるいは突き刺されている」と、いわねばなりません。このことを、人々は認めようとしません。レッシング自身を知らねばなりません。エーリッヒ・シュミットのレッシング論を読むと、エーリッヒ・シュミットが言葉どおり引用しているにもかかわらず、その文章に突き刺される感じはしません。レッシングの文章が言葉どおりに引用されているのですが、その背後にある鋭さが抜き去られているのです。

レッシングという探求者は、人生の終わりになって、『人類の教育』に輪廻転生の理念を書きました。どういう理由からなのでしょうか。

わたしはかつて、友人アレクサンダー・ベルヌスの出していた雑誌『ダス・ライヒ』に、『クリスティアン・ローゼンクロイツの化学の結婚』について論文を連載しました。そして、十七、八歳の少年がこの『クリスティアン・ローゼンクロイツの化学の結婚』を書いたことに注意を向けました。この少年は自分がこの本に書いたことを、なにも理解していませんでした。そのことには、外的な証拠があります。この少年はなにも理解することなく、『クリスティアン・ローゼンクロイツの化学の結婚』を最後まで書いたのです。もし、彼がいくらかでも理解していたなら、彼は後年になってもこの本の内容をいくらかは理解していたはずです。しかし、この少年は実直なヴュルテンベルク地方、シュヴァーベンの牧師になりました。そして、『クリスティアン・ローゼンクロイツの化学の結婚』の内容からはるかに隔たった、平均以下の出来の信心書、神学書を書いたのです。シュヴァーベンの牧師となる人物の魂が『クリスティアン・ローゼンクロイツの化学の結婚』を書いたのではないことは、彼の人生が証明しています。『クリスティアン・ローゼンクロイツの化学の結婚』は霊感に貫かれた本なのです。

霊がある人間をとおしてみずからを表明するときは、その人間の人格が問題なのではないのです。ただ、俗物的な神学書を書いたヴァレンティン・アンドレーエとレッシングには差異があります。もしレッシングが十八世紀に、ヴァレンティン・アンドレーエのような人物であったなら、青年時代に、輪廻転生の理念を含んだ人類の教育について、立派な論文を書いていたことでしょう。しかし、レッシングはヴァレンティン・アンドレーエとはちがいます。レッシングはヴィジョンを見ることも、夢を見ることもなかったのでした。彼は霊感を与える存在を無意識のうちに追い返していたのです。もし、彼の青年時代に、霊感を与える存在が彼のところにやってきたなら、彼は「行ってくれ。ぼくは君とは関係ないんだ」と、いったことでしょう。

レッシングは十八世紀の普通の教育を受けました。そのために彼は、ずっと自分のなかにあったものを、晩年になってはじめて理解することができたのです。もし、ヴァレンティン・アンドレーエが霊感を送る存在を追い払っていて、ありきたりの神学的な信心書を書かなかったなら、晩年になって意識的に『クリスティアン・ローゼンクロイツの化学の結婚』を書いていたことでしょう。

　このように個々の地上生は結び合わさっています。いつか、人間は完全に意識的にならねばなりません。ゲーテにしろ、レッシングにしろ、スペンサーにしろ、シェークスピアにしろ、ダーウィンにしろ、個人の人生を取り上げて、その人生から現われるものに注目するなら、鉢から花をもぎ取って、その花を独立して存在していると信じるようなものです。そのような個々の地上生は、それのみでは解明できません。繰り返される地上生という観点から解明しなければなりません。

　昨日、最後に取り上げた二人の人物の人生は興味深いものです。ひとりがバイロン卿、もうひとりが、個人的なことで申し訳ないのですが、わたしの幾何学の先生です。二人に共通するのは足の状態だけですが、この足の状態は注目に値するのです。この足の状態をオカルト的に追っていくと、エドゥアルト・フォン・ハルトマンについてお話ししたのと同様に、前世における頭の特別の状態にさかのぼります。すでに述べたように、このようなことがらは、霊眼に映じたままを語るしかありません。通常の意味での外的で論理的な証明はできないのです。この二人の人生を追っていくと、彼らが十九世紀に有した人生がねじ曲がっていたように思われます。「かつて同時代人だった者たちは、ふたたび同時代人として受肉する」といったことと矛盾するように思われますが、例外はあるのです。事物を「型通りに」取り扱うことは、もし自分が型通りになろうとしないなら、すでに物質界においても不可能になります。霊的世界に関しては、まったく型通りにはいきません。たしかに規則はあるのですが、鯱張《しゃちこば》った規則ではないのです。すべては個体的なのです。

この二人がともに過ごした地上生へと、わたしたちはさかのぼっていきます。もし、幾何学の先生を見出すことがなかったなら、わたしはバイロンの前世を見出すことはできなかったことでしょう。バイロンは天才でした。幾何学の先生は天才ではありませんでした。しかし彼は秀でた幾何学者であり、わたしが人生において知ったなかでも最良の幾何学者でした。

画家に関しては、「彼は、どこか一面的だ」ということがわかります。音楽家に関しても、「彼は一面的だ」ということがわかります。人間というのは、一面的であることによって、著名になるからです。しかし、現代の幾何学者は一般的に、一面的ではありません。幾何学者というのは数学全般を知っており、幾何学的なものを組み立てるとき、どのような方程式を用いればよいかを知っています。幾何学者は数学、計算を知っているのです。

この幾何学の先生は、秀でた幾何学者でしたが、数学者ではありませんでした。たとえば、彼は解析幾何をまったく理解していませんでした。方程式を必要とする解析幾何を、彼はまったく理解していませんでした。解析幾何に関しては、彼はまるで子どものようでした。

一度、愉快なことがありました。円は不変の商の幾何学的位置であるということを、彼は作図によって見出しました。そして、だれも作図によってこのことを見出した者がいないので、自分が発見者だと思いました。しかし、わたしたち生徒は、解析学の本のなかに円の方程式が書かれていることを知っていました。ですから、わたしたちは円を円と呼ばず、幾何学の先生の名をとって、ＧＫ曲線と呼んで楽しみました。彼は幾何学者として、天才的に一面的だったのです。これが、彼にとって意味あることです。現代の人間は、このように意味深長なところがなく、ぬらりくらりとしていて、つかみどころがありません。しかし、彼は外的な姿形においても角張ったところがある人間でした。彼の顔はほとんど四角形でした。頭は完全に四角形で、まったく丸いところがありませんでした。ほんとうに、この先生の顔から四角について学ぶことができたのです。これは、非常に興味深いことでした。

この人物のかたわらにバイロンを置くと、十字軍遠征の一世紀もしくは二世紀前の東ヨーロッパへと導かれます。

ローマ皇帝コンスタンティヌスはコンスタンチノープルを築いたとき、アジア、トロヤからローマにもたらされたパラス女神像を、ローマからコンスタンチノープルに移させました。その像は非常に華美なものでした。この守護神像は特別神聖なもので、所有者に力を与えると見られていました。この守護神像がローマの重要な場にあるかぎり、そこにローマの力がある、と信じられていました。この力は、ギリシア人に滅ぼされたトロヤから持ってこられたものだと信じられていました。

コンスタンティヌス大帝はローマの力をコンスタンチノープルに移そうとして、非常に華美に飾ったパラス女神像を秘密のうちにコンスタンチノープルに運ばせて、地下に埋め、壁を張り巡らせ、エジプトから持ってきた柱を建てました。その下に、パラス女神像があったのです。その柱の上にはアポロン神像が付いていたのですが、それをコンスタンティヌス大帝は自分に似た姿に直しました。そして、彼は十字架上のキリスト像から釘を抜かせました。そして、その釘から彼はまばゆい王冠を作り、自分の姿に似せたアポロン像にかぶせました。こうして、パラス女神像はコンスタンチノープルに移されたのです。

ある伝説があります。後代に作られたものですが、本来は非常に昔の伝説です。その伝説はロシアのピョートル大帝の遺言によって書き換えられたのですが、非常に古い時代にさかのぼるものです。いつかコンスタンチノープルから北東にパラス女神像が来るだろうという伝説です。その伝説から、パラス女神像がコンスタンチノープルからロシアに移されねばならないという見解が、のちにロシアに生まれました。そして、トルコの支配下に腐敗したものが東ヨーロッパへと移っていくのです。

バイロンと幾何学の先生は前世で、十字軍遠征の一世紀もしくは二世紀前に、この伝説を知りました。彼らはロシアからコンスタンチノープルに行って、その女神像をなんとかして取ってきて、東ヨーロッパに持ってくることに取りかかりました。

しかし、それはできませんでした。パラス女神像は厳重に保管されており、盗むことはできませんでした。非常な苦痛を、この二人は感じました。そして、なにかが稲妻のように入ってきて、彼らの頭を麻痺させました。それがバイロン卿の場合には、傷つきやすい踵のアキレスのように痛めた足として現われました。そのかわり、前世における頭の麻痺の均衡を取るものとして、天才的な頭を得たのです。もう一人の場合は、前世で麻痺した頭ゆえに、現世では内反足になりました。通常は、幾何学、数学は頭でなされるものではないということが知られていません。もし足で角度を測定することがなかったなら、頭は角度を思い描くことができません。幾何学的に歩き、幾何学的にものをつかむことがなければ、そもそも幾何学はなかったでしょう。それらの身体の動きが頭にいたり、表象のなかに現われるのです。わたしの幾何学の先生のような足をしている人は、運動組織、四肢組織の幾何学的構成を頭のなかで再現することに、強力な注意を注げる可能性がありました。

この幾何学の先生の精神構造のなかに沈潜すると、意味深い人間的な印象を受けます。彼はすべてを幾何学的に考え、彼にはその他の世界は存在しないかのようでした。彼は非常に自由な人間でした。内的な魔法の力のようなものが彼の上に働いて、彼を一面的にしたことがわかります。

バイロン卿には、カルマの作用が現われているのが見られます。前世において、彼は東方から守護神像を取りに行きました。十九世紀に彼は西洋に生まれ、精神的な守護神である自由を実現するために活動しました。前世で東方からやってきたのとおなじ地方に、彼は引きつけられるようにやってきました。前世では東方から、つぎの人生では西方からおなじ地域に行くのは、ほんとうに衝撃的なことです。かつては、神話に基づいた当時の見解によって、つぎの人生では啓蒙主義の時代の偉大な理想をもたらすために、おなじ地域に向かったのです。これは、非常に衝撃的なことです。

カルマ的関連から明らかになることは、本来、いつも衝撃的なものなのです。これから、さらにわたしたちは、多くの衝撃的なこと、驚くべきこと、パラドキシカルなことを知ることになります。きょうは、前世と現世のあいだにある関連がいかに独特なものかを理解してもらうために、お話をしました。

訳者あとがき

本書『カルマの形成』から、イザラ書房版「シュタイナー『カルマ論』集成」は、シュタイナー晩年のカルマ論講義（「カルマ的関連の秘教的考察」）に入る。一般に、シュタイナーの「カルマ論」あるいは「カルマ講義」と呼ばれるものは、この晩年の一連のカルマ論講義を指している。

一見して明らかなように、本書はカルマの法則をまとめた前半部と、実在の人物を例にあげてカルマを考察した後半部に分かれる。その意味で、前半部は『いかにカルマは作用するか』（人智学出版社）、『カルマの開示』（イザラ書房）、『いかにして前世を認識するか』（イザラ書房）につづくものであり、後半部は『霊の経済原理』（『輪廻転生とカルマ』水声社、所収）、『世界史の秘密』（水声社）の延長線上にあるものということができる。

本書はカルマの形成について語っているが、「カルマはどこから来たのか」という問いが残るかと思う。この問いに、シュタイナーは一九〇五年十月十一日の講義（『秘教の基礎要素』第十六講)で、つぎのように語っている。

レリムア時代を振り返ってみましょう。その当時の人間は、四つん這いで歩いていました。人間が「純粋な人間」(モナド)として受肉した存在は四つん這いで歩いていました。モナドが彼らのなかに存在することによって、それらの存在はしだいに立ち上がり、前足を上げていきました。ここで、はじめてカルマがはじまります。人間のカルマは、人間が手を使うようになったときに、はじめて発生しました。それ以前は、個的なカルマは作られませんでした。人間が水平的な存在から垂直的な存在になり、その結果、手を自由に使えるようになったのは、人間の進化において非常に重要な段階です。このようにして、人間はアトランティス時代へと進化していきます。

つぎの段階で、人間は言語を使用することを学びました。最初に手を使用することを学び、ついで言語を使用することを学んだのです。手をとおして人間は行為で周囲を満たし、言語をとおして周囲を言葉で満たしました。人間が死んだとき、その人間が行為と言葉によって周囲のなかでおこなったことが残ります。行為したことすべては、人間のカルマとして残ります。人間が言葉でおこなったことは、たんにみずからのカルマとしてとどまるのではありません。本質的にべつのものとしてとどまるのです。

人間がまだものを語らず、ただ行為のみをしていた時代を振り返ってみましょう。行為は個々の個人からのみやってくるものでした。言語活動がはじまるとすぐに、それはたんに個人的であることをやめます。人間はたがいに理解しあうようになるからです。

これはアトランティス時代における非常に重要な瞬間でした。最初の言語が発せられたとき、人類のカルマが世界のなかにとどまりました。人間が話し合うと、人類全体から共同体的なものが流れてきます。純粋に個人的なカルマが、人類一般のカルマに移行します。わたしたちは周囲に語る言葉によって、わたしたち以上のものを広めているのです。わたしたちが語るもののなかに、全人類が生きています。手の行為は、没我的になった場合にのみ全人類的なものになるでしょう。

言語の場合、人間はまったく利己的な行為をおこなうことはできません。そうなれば、言語はまったくその人にのみ属することになります。手の行為がたいてい利己的なものであるのに対し、言語はけっして利己的にはなりえません。神秘学者は、「わたしが手でおこなうことは、たんにわたしの行為だ。しかし、話をするとき、わたしは民族の一員として語っているのである」と、いいます。

このようにして、わたしたちのまわりに、わたしたちの生活の名残りが創造されます。わたしたちの手の行為をとおして個人的な痕跡が、言葉をとおして人類の痕跡が創造されます。この両者を正確に区別しなければなりません。わたしたちの周囲の自然のなかに存在する鉱物界、植物界すべては、過去の行為の結果として存在しています。わたしたちが行為をとおして周囲に築くものは、新たに世界のなかにやってきたものです。個々の人間の行為をとおして、新たなものが世界のなかに入ってきます。同時に、言語をとおして、人類全体をとおして、新しいものが世界のなかに入ってきます。

人間はレムリア時代の中期に地上に歩み入り、はじめてみずからのカルマを作りました。では、新しいものとして働きかけるこのカルマは、どこからやってきたのでしょうか。カルマは、涅槃からやってくるのです。当時、涅槃からなにかが世界のなかに働きかけねばなりませんでした。「無」から創造させるものがやってこなければならなかったのです。そのころ、地球を実らせた存在は、涅槃に到達しなければならなかったのです。四足で歩く存在を受精させて人間にならせたのは、涅槃界から下ってきた存在でした。それらの存在はモナドと呼ばれます。涅槃界から来て、わたしたち人間のなかにある存在がモナドです。まったく新しいものが世界のなかに入ってきて、かつての行為の作用としてすでに存在しているもののなかに受肉したのです。

わたしたちは三つの段階を区別します。第一に、外的な、手をとおして引き起こされる行為、第二に、語られた言葉によって引き起こされるもの、そして第三に、思考によって引き起こされるものです。思考は語られた言葉によって引き起こされるものよりもずっと包括的なものです。思考は、言語のように民族によって異なってはいません。思考は全人類に属しています。

こうして、人間は行動から言葉をとおって思考へと上昇し、ますます普遍的な存在になっていきます。行為の普遍的な規範、論理というものはありません。各人が自分で行動しなければなりません。純粋に個人的な言語というものはありません。言語は集団に属するものです。思考は全人類に属します。行為、言葉、思考と、わたしたちは特殊から普遍への三段階の進歩を遂げるのです。

人間は周囲にみずからを表現することによって、人類精神全体の痕跡を思考として残します。人間の集団の魂は、言葉として残されます。個人の特殊性の痕跡は、行為として残ります。個人は、さまざまな受肉における個人的な現象を通っていく糸のようなものです。個人は、つぎの受肉のために創造します。言語共同体としての民族は、新しい民族のために創造します。人類は新しい人類、新しい惑星のために創造します。人間が自分のために個人的におこなうことは、つぎの受肉のために意味を持っています。民族が語ることは、つぎの亜人種、つぎの民族の受肉のために意味を持っています。そして、わたしたちの思考全体の作用が現われる世界が存在するようになると、新しい人類、つまり新しい惑星が存在します。このような大きな観点なしにカルマを理解することはできません。

さて一九二四年の、シュタイナーの晩年のカルマ論講義は、つぎのような日程でなされた。

ベルン（一月二十五日）「月の門と太陽の門」
ドルナッハ（一月二十七日）「人智学―月の門と太陽の門」
チューリッヒ（一月二十八日）「太陽と月の本質」
シュトゥットガルト（二月六日）「月の門と太陽の門」
ドルナッハ（二月十六日―三月二十三日）「カルマ的諸力の形成」六講義＋「個々人の

運命のカルマ的な決定」六講義
プラハ（三月二十九日―四月五日）「カルマ的―宇宙的関連の秘教的考察」四講義
ドルナッハ（四月六日）「人類の歴史的生成のカルマ的考察」第一講
シュトゥットガルト（四月九日）「人類の歴史的生成のカルマ的考察」第一講
ドルナッハ（四月十二日）「人類の歴史的生成のカルマ的考察」第二講
ベルン（四月十六日）「地球を取り巻く諸天体が人間の人生に対して持つ意味」
ドルナッハ（四月二十三日―五月十八日）「人類の歴史的生成のカルマ的考察」第三講
―第五講＋「個人の人生のカルマ的考察」四講義＋「死後における人生遡行に際して
のカルマ形成」第一講―第二講
パリ（五月二十三日―二十五日）「宇宙と人間のなかに霊的なものを認識する基盤およ
び道徳生活―宗教生活のための心魂衝動としての人智学」三講義
ドルナッハ（五月二十九日―三十日）「死後における人生遡行に際してのカルマ形成」
第三講―第四講
シュトゥットガルト（六月一日）「人類の歴史的生成のカルマ的考察」第二講
ドルナッハ（六月四日）「カルマの宇宙的形態と個人のカルマ的関連の考察」第一講

ブレスラウ（六月七日―十五日）「人生の運命形成としてのカルマ」九講義
ドルナッハ（六月二十二日―七月十三日）「カルマの宇宙的形態と個人のカルマ的関連の考察」第二講―第四講＋「人智学のカルマ」第一講―第六講
アルンヘム（七月十八日―二十日）「人智《アントロポゾフィー》学運動のカルマ」三講義
ドルナッハ（七月二十八日―八月八日）「人智学のカルマ」第七講―第十一講
トーキー（八月十二日―二十一日）「ミカエルの太陽力をとおしてのキリスト教の深化」三講義
ロンドン（八月二十四日―二十七日）「個人と人類進化におけるカルマ」三講義
ドルナッハ（五月五日―二十三日）「人智学と現代の精神生活」十講義
シュタイナー全集版（二三五―二四〇巻）の『カルマ的関連の秘教的考察』①～⑥では、以上の講義のうち、ドルナッハでおこなわれたものを最初の四巻に、ドルナッハ以外の地でおこなわれたものを第五巻、第六巻に収めている。
二三五巻「カルマ的諸力の形成」（ドルナッハ、二月十六日―三月二日）

「個人の運命のカルマ的決定」（ドルナッハ、三月八日―三月二十三日）
二三六巻「人類の歴史的生成に関するカルマ的考察」（ドルナッハ、四月六日―二十七日）
「個人の人生のカルマ的考察」（ドルナッハ、五月四日―十一日）
「死後における人生遡行に際してのカルマ形成」（ドルナッハ、五月十六日―三十日）
「カルマの宇宙的形態と個人のカルマ的関連の考察」（ドルナッハ、六月四日―二十九日）
二三七巻「人智学のカルマ」（ドルナッハ、七月一日、八月八日）
二三八巻「人智学と現代の精神生活」（ドルナッハ、九月五日―二十三日）
二三九巻「カルマ的―宇宙的関連の秘教的考察」（プラハ、三月二十九日―四月五日）
「宇宙と人間のなかに霊的なものを認識する基盤および道徳生活―宗教生活のための心魂衝動としての人智学」（パリ、五月二十三日―二十五日）
「人生の運命形成としてのカルマ」（ブレスラウ、六月七日―十五日）
二四〇巻「地球を取り巻く諸天体の人間の人生にとっての意味」（ベルン、一月二十五

日―四月十六日、チューリッヒ、一月二十八日、シュトゥットガルト、二月六日）
「人類の歴史生成のカルマ的考察」（シュトゥットガルト、四月九日―六月一日）
「人智学《アントロポゾフィー》運動のカルマ」（アルンヘム、七月十八日―二十日）
「ミカエルの太陽力をとおしてのキリスト教の深化」（トーキー、八月十二日―二十一日）
「個人と人類進化におけるカルマ」（ロンドン、八月二十四日―二十七日）

これらの講義のうちメインになるのはドルナッハでおこなわれた五十の講義であり、その合間になされた各地への講演旅行における計三十三の講義の内容は、ドルナッハでの講義とほぼ重複している。イザラ書房版「シュタイナー『カルマ論』集成」では、第三巻（本書）から第五巻にシュタイナー全集二三五巻と二三六巻が訳出される。

第三巻『カルマの形成』（「カルマ的諸力の形成」［二月十六日―三月二日］＋「個人の

運命のカルマ的決定」〔三月八日―三月二十三日〕）
第四巻『歴史のなかのカルマ的関連』（「人類の歴史的生成に関するカルマ的考察」〔四月六日―二十七日〕＋「個人の人生のカルマ的考察」〔五月四日―十一日〕）
第五巻『カルマの宇宙的形態』（「死後における人生遡行に際してのカルマ形成」〔五月十六日―三十日〕＋「カルマの宇宙的形態と個々人のカルマ的関連の考察」〔六月四日―二十九日〕）

『カルマ的関連の秘教的考察』中、本シリーズに収められなかった人物の輪廻の経過については『シュタイナー輪廻転生譚』（風濤社）をご覧いただきたい。

本書で個々人のカルマが語られるとき、シュタイナーはたんにその人物の過去生を語るという方法を取らずに、その解明にいたった経過も語っている。興味本位にカルマ談義がなされるのではなく、シュタイナーは適切な例をあげて、カルマの見方を示しているのである。これは、まことに貴重なことといわねばならない。本書でおこなわれた個々人を例にあげたカルマ考察は、イザラ書房版「シュタイナー『カルマ論』集成」第四巻『歴史のなかのカルマ的関連』以下へとつづいていく。

シュタイナーの重要作品の刊行に力を注いで下さっているイザラ書房の澁澤カタリナ浩子さんと村上京子さんに感謝する。

一九九三年孟冬

西川隆範

＜著者紹介＞

ルドルフ・シュタイナー　Rudolf Steiner

1861～1925。旧オーストリア＝ハンガリーのクラリエベックに生まれ、スイス、ドルナッハの丘に建つゲーテアヌムに眠る。

自然科学と精神科学を総合し、生命化した人智学（アントロポゾフィー）を樹立。ドルナッハにコスモポリタニズムに基づく普遍アントロポゾフィー協会（一般人智学協会）を設立し、教育、医学、芸術、農業、社会論などの分野に大きな業績を残した。

その精神は現在も世界各地のシュタイナー学校、農場、治療施設等の共同体に見ることができる。

主な著書および講演録に『一般人間学』『神秘学概論』『神智学』『いかにして超感覚的世界の認識を獲得するか』『自由の哲学』等があるが、354巻のシュタイナー全集がスイス／ドルナッハの遺稿管理局より刊行されている。

＜編訳者紹介＞

西川隆範　Ryuhan Nishikawa

1953年、京都市生まれ。

青山学院大学文学部卒業、大正大学大学院（宗教学）修了。ゲーテアヌム精神科学自由大学、キリスト者共同体神学校（ドイツ）に学ぶ。スイス、ベルンのシュタイナー幼稚園教員養成所講師、米国カリフォルニア州サクラメントのシュタイナーカレッジ客員講師を経て、多摩美術大学講師。

主なシュタイナーの訳書に『仏陀からキリストへ』『釈迦・観音・彌勒とは誰か』（以上水声社）『薔薇十字会の神智学』（平河出版社）『ルカ福音書講義』『民族魂の使命』『聖杯の探求』『カルマ論集成1～4』（以上小社刊）他多数。

カルマ論集成 3「カルマの形成」

1994年 4 月 8 日　初版発行
2009年 9 月18日　改訂版第一刷発行

著　者　ルドルフ・シュタイナー
編訳者　西川隆範
発行者　澁澤カタリナ浩子
発行所　株式会社イザラ書房
〒369-0305　埼玉県上里町神保原569番地
Tel 0495-33-9216　Fax 0495-33-9226
http://www.izara.co.jp　mail@izara.co.jp
印刷所　株式会社ミツワ
ISBN 978-4-7565-0113-4　C0010